ステークホルダーを
巻き込み
ファンをつくる!

オウンドメディア進化論

Owned Media

平山高敏

Takatoshi Hirayama

宣伝会議

はじめに

あなたが好きなモノ・コト・ヒトについて教えてください。

こんな質問を投げかけられたらどう答えますか？

最近ハマっているアーティストだったり、居心地の良い近所のバルだったり、サウナで整う時間だったりと、今まさに没頭しているものを挙げる方もいれば、車、カメラ、ワインなど偏愛しているジャンルについて話す方もいるでしょう。他にもいろんな「好き」はあると思いますが、個人的にこの「好き」を聞く時間がとても好きです。

なぜそれを好きなのか、その理由について、これまで見聞きしてきたこと、触れてきたことの記憶を総動員させては、時に脱線し、鼻の穴が広がり、額にうっすらと汗がにじみ始めても気にも留めず、アドレナリンがドバドバと分泌されていると思えるほど目を爛々とさせて語っている人を見るのが、好きなのです。

たとえ私がそれ自体に興味がなくても良いんです。でも不思議と語られた後はそれが少し気になっていたりして。とにかく、そういう話なら何時間でも聞いていられます（いや、正直に言えば2時間くらいが限界です）。

なぜ人の「好き」を聞くのがこれほど好きなのでしょう？　心を開いて話をしてくれている喜びもあると思います。知らないことを教えてもらう面白さもあるでしょう。後は、極めて個人的なエピソードを通してその人をうかがい知ることができる、ということもありそうです。これらすべてが理由としてありつつも、単純に人が楽しそうに語っているのを見ることが好きというのもあるかもしれません。

テレビ番組でも、偏愛家にスポットライトを当てた番組が人気ですよね。正直ついていけない話も出てきますが、ほとばしる熱量に目が離せなくなることは往々にしてあります。ともあれ、個人的で具体的な言葉は、たとえ自分の興味関心とかけ離れた事柄を喋っていても、ある種の共感が生まれやすいことがうかがえます。

では、「どんな人が好きですか？」「どんなものが好きですか？」という質問をされたらどうでしょう？

いくつかの言葉が浮かんでくると思いますが、その言葉を並べてみると、きっと抽象的で一般的な言葉が並ぶと思います。そして「何が」には具体的な言葉が並ぶのに対して、「どんな」には多分に、社会性や時代性が纏うような気がしませんか。

少しわかりづらいので事例を挙げます。

毎年のように見かける「理想の上司」というアンケート。芸能人やスポーツ選手がそこに上がってきますが、やはり毎年上がってくる顔は変わります。そういったランキングとセットで出てくるのが、そのランキングについての「考察」です。なぜそういった人を上司にしたいと世の中の人は思っているのか、そこに潜在的であれ顕在的であれ、今の時代の傾向、もっと言えば、世の中が求めている価値観を探り当てるような言葉が並びます。この「上司像」における考察こそ、「どんな」に纏う社会性と時代性です。そして今、この「どんな」を示す社会性と時代性は、より速度を上げて変容するとともに、より多様化しています。

ここまでの話を企業に置き換えても同じことが言えると思います。

「好きな企業はどこですか?」には、やはり個人的で具体的なエピソードがセットになりますし、「どんな企業が好きですか?」には今の時代が求める価値観が内包されています。

企業としては、共感性の高い具体的なエピソードを通じて、好きになってもらえる人を増やしていくことと同時に、「どんな」に当てはまるイメージを獲得することが求められます。個別具体の「好き」の声を拾い集めて、その声を少しずつ広げていくことと、速度を上げて変容と多様化し続ける「どんな」のイメージを獲得すること、これらを実現しうる手法のひとつとして、今オウンドメディアが注目されています。

より共感性の高い具体的なエピソードを、コンテンツにしてオウンドメディア上で可視化させることと、コンテンツを通じて企業として獲得したいイメージを貯めることを目的に置いているであろうメディアが、ここ数年で一気に増えています。

本書は、ここ最近のオウンドメディアの潮流を紐解きながら、理想的な企業発信について考えていくことを主眼に置いています。

ここから少しだけ私の〝個人的な〟話をさせてください。

私は新卒でWeb広告会社の営業を6年ほど経験し、その後旅行書を扱う出版社の昭文社でWebメディアの立ち上げ・プロデュースを行い、2018年にキリンに入社しました。

新卒で入社したWeb広告会社では、立ち上げたばかりのWeb広告事業の部署に営業として配属されました。当時は、検索連動型のリスティング広告という言葉がようやく世の中で認知され始めてきた頃で、Web上でできるアプローチ手法と言えば、このリスティング広告やYahoo!などのポータルサイトや大手ニュースメディアにバナーを掲載するくらい。つまり、そのほとんどが検索結果やWebページ上で「待ち受ける」広告でした。

その潮目が変わり始めたのは2011年くらいでしょうか。その背景には、一気に広がったSNSとスマホがあります。詳細は本編でも整理していきますが、この時期くらいからWeb上における企業発信は「待ち受ける」だけではなく、ユーザーが楽しんでいる場所に「出向く」手法が増えてきました。企業公式Twitterが雨後の筍のように増えた時期です。ただ当時は、そういった場所に出向くところまでは良かったものの、肝心のコンテンツやユーザーとのコミュニケーションについてはまだまだ手探りな状態だったように思います。

これからはそのコンテンツが大事になってくるのではないか？　そんなことを考え始めた矢先に、たまたま声をかけていただき昭文社に転職することになり、既に発刊されて人気だった『ことりっぷ』という女性をメインターゲットとした旅行ガイドブックのWeb

上のコミュニケーション全般を担うことになりました。新たにWebマガジンを立ち上げ、SNS上のコミュニケーション戦略を策定し、果ては『ことりっぷ』が好きな方同士を旅の思い出でつなぐコミュニティアプリの立ち上げまで行いました。

Web上におけるコンテンツの持つ魅力は、そこに同じ「好き」を持つ人が集まるとコミュニケーションは一気に加速し、その場で〝コンテンツ自体もつくられていく〟ということです。『ことりっぷ』の世界観が好きな人や好きな旅情報が集まり、そこから熱量の高いコミュニケーションが生まれ、また新しいコンテンツが生まれていく、といったようなことが起きました。

このような、コンテンツを起点にしたコミュニティは、メディア上だけではなく、商品や企業を起点としてもできるのではないか？　という興味の赴くまま、キリンに入社し、今に至ります。

入社して1年後の2019年に、KIRIN公式noteを立ち上げました。それから現在に至るまで、キリンの企業WebサイトやSNS上のコミュニケーションも徐々に形を変えてきました。現在、キリンのオウンドメディアチームのスローガンは「だからキリンが好きなんだ」。キリンの商品に触れて好きになってくれたお客様、CMを見て気になってくれた方、キリンの取り組みに携わってくださっている方、そしてもちろん従業員など、キリンと何かしらかかわりがあって、オウンドメディアに訪れていただいた方に対して、「キリンが好きな理由」を持ち帰ってもらうためのコミュニケーションを行うことを、各メディア運営のベースの考え方としています。

noteは立ち上げて4年が経とうとしていますが、言えることは、3年以上経ってもなお、「最適解」は見つかっていないということです。むしろ現場でメディアを運営していると、日々いろんな発見があり、正解がどんどん遠のいていく気さえしています。

そういった意味では、オウンドメディアは、まだ確たるフレームやノウハウが成立していない領域と言えるかもしれません。オウンドメディアという言葉も、それを運営する立場のインハウスエディターという言葉も流通し始めてからまだ10年も経っていないのです。

ただ、オウンドメディアを3年以上運営して見えてきたのは、オウンドメディアという極めて狭い領域のものが、実は広い領域に影響を与える可能性があることです。それはもっと言えば、自社のメリットに閉じず、社会に対しても好影響を与える可能性すら秘めているということです。本書で私が伝えたいのは、オウンドメディアの運営におけるテクニック部分ではなく、こうした可能性についてです。

ここ最近、オウンドメディア運営について相談を受けることが本当に増えました。ただ、話を聞いて思うのは、オウンドメディアの役割について、とても「限定的」に見ているということです。「コンテンツを通じて直接何らかのアクションをしてもらうことのみを目的にしたメディア」は、一部の企業ではとても有効である反面、そこに役割を閉じることで、うまくフィットしないことも多いように思います。

先述した「どんな」が変わり続ける世の中にあって、オウンドメディアはより一層役割を増していくと思っています。とは言え、現時点では、体系立てて道筋を立てられているかと言えば、まだ道半ばといったところです。

本書を通じて私が伝えられることは、現場であくせくしながら「つづける」ための「処し方」のようなものかもしれません。本書を読んでいただいた方が、オウンドメディアの「＋α」の価値を見出せたり、オウンドメディアの役割を再考するきっかけになれば幸甚です。

オウンドメディア進化論　contents

CHAPTER 3

キリンのオウンドメディアの方針転換

CHAPTER 4

CHAPTER

5

オウンドメディアの「もうひとつの役割」

CHAPTER
6

Owned

CHAPTER 1

いま、企業発信の現場で起きていること

Media

CHAPTER 1のポイント

●オウンドメディアには大きく分けて、新規顧客の獲得や既存顧客との深い絆づくりを目指すマーケティング的な活用、企業としての信頼醸成やイメージ獲得を目指すコーポレートコミュニケーション的な活用の2つがある。

●パーパス・ブランディングへの注目に合わせて、パーパスを発信する場としてのオウンドメディアの活用が増えている。

●オウンドメディアの歴史を語る上で欠かせない存在は「BMW Films」(2001年)、「コカ・コーラパーク」(2007年)、「サイボウズ式」(2012年)。

●「WELQ問題」(※)を境にオウンドメディアの運営にも陰りが見えるように。

オウンドメディアってどんなメディア？

「つまるところ、オウンドメディアを一言で言うとなんですか？」

この質問に対して、元気が売りのAさんは「ファンと握手をする場所です！」と大きな声で答えた。対してせっかちそうなBさんは「リード獲得のためコンバージョンまで追いかける場として見るべきです。KPIから逃げてはいけません」とまくしたてる。思慮深いCさんは「社員を含めたあらゆるステークホルダーに企業としての姿勢のようなものを伝える場でしょうか？」と答え、使命感の強そうなDさんは、「企業としての存在価値について社会的な視座から問いを立てる場所であるべきしょう」と答える。はたまた私は私で「企業が獲得したいイメージをコツコツと貯める場所だと〝現時点では〟思っています」とはぐらかした。

だいぶ脚色はしていますが、とあるカンファレンスで登壇している時に実際に繰り広げられた会話です。

オウンドメディア。字面だけ見れば「企業が自社で保有するメディア」と捉えることができます。多くのWebサイトでそう説明されています。ただそれだけのことなのに、かくもこれだけの解釈があり、それぞれの企業がそれぞれの目的を持って運営していることには興味深いものがあります。

冒頭のAさんからDさんが語った「オウンドメディア像」について言えば、それぞれが掲げる役割や解釈には距離があるように見えます。では、AさんからDさんのうち、誰が正しくて誰が間違っているのでしょうか？　現時点ではそれを断定するフェーズではないように思います。「オウンドメディア」という言葉自体、よく耳にするようになったのは2011年頃で、まだまだ歴史の浅いテーマだからです。


オウンドメディアを理解する上で、よく登場する概念が「トリプルメディア」「PESO」です。トリプルメディアとは、マーケティングを行う上で消費者との接点となりうるメディアを「ペイドメディア」「アーンドメディア」「オウンドメディア」の3つに大別するフレームワークのことです。ペイドメディアとは文字の通りお金を払うメディアであり、要は広告媒体のことです。読者の属性を見た上で、自社の商品やサービスと合致する消費者がいれば、広告枠を購入して、即座に効果的にアプローチをすることができるメディアです。「アーンドメディア」は、Facebook、Twitter、Instagramなどの「SNS」を指します。消費者が自社の商品やサービスを自主的に「シェア」することで評判を「受け取る」というニュアンスがあります。クチコミと近い意味合いがあるでしょう。共感をフックにSNS上で「拡散」が見込めるメディアとして捉えられます。そして「オウンドメディア」は自社で保有するメディアです。上記2メディアと違い、既に自社の商品やサービスに興味を持って「自社サイト」に訪れた消費者に対して「より深く知ってもらう」ことがベースにあります。もっと言えば、既になんらかの接点のある消費者から「信頼」を醸成するためのメディアと捉えることができます。

このトリプルメディアの考え方をさらに一歩進めたのが「PESO」モデルと言えます。これは「ペイドメディア」「アーンドメディア」「シェアドメディア」「オウンドメディア」の頭文字をとっています。トリプルメディアに「シェアドメディア」が追加されたものですが、トリプルメディアにおける「アーンドメディア」を、個人がSNS上でシェアするメディアについては「シェアドメディア」と解釈を狭め、「アーンドメディア」をPR活動を通じたパブリシティと捉えています。つまり、上記のトリプルメディアがマーケティング的な視座に立ったフレームワークだとすれば、この「PESO」モデルはそこに広報的な視点を盛り込んだモデルと言えます。

このフレームワークに則るなら、お金を払って伝えること（ペイド）、メディアを通じて伝えたいこと（アーンド）、SNSを通じて広がってほしいこと（シェアド）、自社で伝えること（オウンド）の4点を意識しながら、消費者との接点づくりを行っていく必要があるということになりますが、かくもオウンドメディアにおいては、先述したように、その役割や目的が多岐にわたります。なぜでしょうか？

先に結論めいたことをお伝えすると、オウンドメディアには、新規顧客の獲得や既存顧客とのより深い絆づくりを目指すマーケティング的なアプローチと、企業としての信頼醸成やイメージ獲得を目指すコーポレートコミュニケーション的なアプローチの双方がありえる点が、多種多様な目的・役割を付与される大きな要因と言えます。さらには、単一の目的に留まらず、複数の役割を担うメディアもあります。そして、はじめからそう狙っているメディアもあれば、副産物的に「新しい役割」を付与されるオウンドメディアもあります。

方向性が枝分かれする理由は2つ。ひとつはオウンドメディアが自社で「コントロール可能」なメディアであり、やり方によっては「多くの接点」をつくり上げることができる点にあります。また、もう1点は、オウンドメディアは「企業の窓口」と受け取ることができるメディアであり、ステークホルダーの視線、つまりは社会的な潮流をダイレクトに受ける点にあります。

少し概念的な話が続きました。冒頭のAさんからDさんの話に戻すと、マーケティング的なアプローチなのか、コーポレートコミュニケーション的なアプローチなのかが、よくわかります。

「ファンと握手をする場所」と答えたAさんは、オウンドメディアをファンマーケティングの場として捉えています。ファンマーケティングには多くの解釈がありますが、基本的な考え方はパレートの法則に則っています。20%の熱心なファンが80%の売り上げをつくる、というものです。このファンを離さないよう、つながり続ける場所としてオウンドメディアを選択するというのはまっとうなやり方に見えます。ファンを会員として囲い込み、メルマガやSNSを通じてつながり続けることはもちろん、ファンからのリアルな声を収集し、次の商品開発等に活かすパターンもあるでしょう。ファンからすれば、好きなブランドの「役に立てる」ことでより愛着が増すという好循環も期待できます。

「リード獲得のためコンバージョンまで追いかける場」というBさんが掲げるオウンドメディアはまさに広告的と言えるでしょう。コンテンツもしくはメディアを通じて、直接的に特定の商品・サービスを売る（成約する）ことを目的にしています。ここには、検索結果の上位表示を狙ったSEOや、SNS上のバズなど、接触してもらうための手法もセットになって語られます。また、この手法はBtoCのみならず、より顕在的なニーズに対してアプローチするBtoBにおいて活用されるケースも多いように見受けられます。

「社員を含めたあらゆるステークホルダーに企業としての姿勢のようなものを伝える場」と答えたCさんからは、コーポレートブランディングを目的としていることがうかがえます。詳細は追って整理していきますが、このように企業の「パーパス（存在意義）」を伝えることを目的にしたオウンドメディアは最近増えてきた方向性のひとつです。商品・サービスを売るための直接的なアプローチにプラスして、長期的な視座に立って社内外からの信頼獲得を目指すことは、透明性が求められる昨今にあってしごく当然な流れと言えます。

「企業としての存在価値について社会的な視座から問いを立てる場所」というDさんの発言からは、「ブランドジャーナリズム」という言葉で括ることができます。ブランドジャーナリズムとは、2010年代にアメリカを中心に流行した概念です。その意味するところは、「企業が読者にオウンドメディアを読んでもらうために、自社の宣伝活動だけではなく客観的な情報の提供を行うこと」とされています。一般的な広告ではなかなか伝えられない「企業としての姿勢」を、「1歩引いた目線」で伝えることで、広告的な効果を果たすことも目的のひとつとしてあるように見えます。

ファンマーケティング・コーポレートブランディング・ブランドジャーナリズム、ここでまた多くのフレームワークが登場してきました。もうお腹いっぱいなところではありますが、他にもO2O（店舗送客）のためのオウンドメディアや、人材採用を目的にしたオウンドメディアもあります。

ちなみに、「企業が獲得したいイメージをコツコツ貯める場」とした〝私〟の発言は、実際の私がよくお伝えするオウンドメディア像です（なんだか一番曖昧な表現ですね）。こちらについては、この章の後半、2019年以降立ち上がり始めた新しいオウンドメディア群や「KIRIN公式note」の立ち上げの背景を通して説明と代えさせてもらいます。

さて、オウンドメディアはやり方次第で「多くの接点」を獲得することができることと、社会的な潮流を受けやすいと先述しましたが、この「やり方」とはつまりＷｅｂマーケティングのテクニカルな手法のことであり、社会的な潮流とはつまり、消費者の消費に対するマインドの変化のことです。双方ともここ10年で大きく変化をしています。そしてオウンドメディアはもろにその影響を受けています。そういった意味ではオウンドメディアは世の中の流れにどうしても翻弄されやすいメディアとも言えます。

翻って、２０１８年以降、少なくない数のオウンドメディアがクローズに追い込まれていきました。詳細は追ってまとめていきますが、端的に言えば上記のＷｅｂマーケティングの流行にうまく乗っかろうとした結果、「手法」先行でメディア開発を行ってしまったことが要因として考えられます。

どちらにせよ、オウンドメディアの変遷を追うことはＷｅｂマーケティングの潮流を追うことでもあり、消費者マインド、もっと言えば世の中の潮流を追うことでもあります。本章では、まずその潮流を追いかけていくことにします。その潮流を通して、オウンドメディアの「本来的な必要性」を見出してみたいと思います。同時にオウンドメディアを立ち上げる際の「適切なアプローチ」についても考えていきます。

オウンドメディアの変遷

具体的なオウンドメディアの変遷を追う前に、その萌芽とも取れる事例を紹介します。2001年に多くの広告賞を受賞した「BMW Films」という作品があります。ガイ・リッチーなどの著名な監督によって複数のショートムービーが制作され、それら作品はWeb上で展開されました。当時はYouTubeなどの動画配信プラットフォームもない時代。そんな中で特筆すべきは、テレビCMなどに費やす費用をムービー制作費に投下し、Webサイト上で公開したことだと思います。ブランデッド・コンテンツの走りとも言われる作品ですが、「オウンドメディア＝自社が保有し待ち構えるメディア」という視点に立てば、この事例はいわば先行事例と捉えることができると思います。

また2000年代中盤くらいには、Webマーケティング業界では「ステルス・マーケティング」という言葉が登場してきます。現在ではその手法が問題視されている、いわゆる「ステマ」と略される手法のことですが、これは広告でありながら広告であることが消費者にわからないようにする行為のことです。Webという自由度の高い空間を利用した、企業と消費者の接点づくりにおいて、この頃から「ペイドメディア」以外のコミュニケーションを模索しているように思います。

そして2007年、オウンドメディアとして大きく展開するメディアが登場します。長らくWeb業界に携わっている方であればご存知かもしれません。「コカ・コーラパーク」です。2007年にオープンした会員制のサイトで、開設から4年あまりで累計登録会員数1,000万人を超えるほどのモンスターサイトでした。私が新卒で入社したインターネット広告会社でも、広告枠を拵えるほどに急成長していた「コカ・コーラパーク」はよく目にするメディアでした。当時は「オウンドメディア」という言葉はまだ世の中に出てきていませんでしたが、「企業が自前で発信するメディア」としては、当時もっとも成功しているメディアのように見受けられました。2016年にひとつの役割を終えるように一部機能を残してクローズしましたが、「コカ・コーラパーク」は企業がWebメディアを通してファンと継続的につながるコミュニティ的側面もあり、そういった面を含めてとても画期的で先駆的な「オウンドメディア」だったと思います。ただ、会員を増やし続け、キャンペーン等含めコンテンツを量産するこの「コカ・コーラパーク」モデルはとても体力のいるメディア運営です（費用も体制も大きくなることは想像に難しくないと思います）。そのため一朝一夕で真似のできる方法ではありませんが、当時は、企業がファンとコミュニケーションを行うひとつの手法として可能性を示したと思います。先述した話であればファンコミュニティが近い概念と言えます。

２０１０年以降で見れば、「サイボウズ式」や「ジモコロ」を挙げる人もいるかもしれません。「サイボウズ式」はサイボウズさんのオウンドメディアとして２０１２年、「ジモコロ」はアイデムさんのオウンドメディアとして２０１５年からスタートしています。ともに根強いファンのいるメディアで、２０２２年現在も今なお、オウンドメディアの代表格として存在感を放っています。

サイボウズさんは「ｋｉｎｔｏｎｅ」「サイボウズＯｆｆｉｃｅ」などグループウェアの会社ですが、「サイボウズ式」のサイト上のロゴ下には「新しい価値を生み出すチームのメディア」とタグラインが付与されているだけで、サイト上でコンテンツを追いかけても、サイボウズの商品・サービスが紹介されているコンテンツはほぼ見当たりません。代わりに並ぶのは、昨今の社会的な課題として、より顕在化している「働き方」について、様々な立場の方による寄稿やインタビュー記事です。

「ジモコロ」はアイデムさんのオウンドメディアですが、サイトを見ても「ヘッダー」にアイデムのロゴがあるだけで、コンテンツにアイデムの事業領域のことは一切出てきません。「どこでも地元メディア」というタグラインの通り、各地で活動をしている面白い方々（といった表現が的確か悩ましいほどぶっとんだ方たちです）の取材記事が、Webに合わせた読みやすいタッチで並びます。記事をひとたび出せばソーシャルブックマークである「はてブ」があっという間につき、Twitterでも好意的な声とともに拡散され人気を博しています。

「サイボウズ式」と「ジモコロ」は、ともに先述するところの「ブランドジャーナリズム」のメディアと呼ぶことができると思います。両メディアはまったく毛色の違うコンテンツが並びますが、共通するのは次の2点です。ひとつは運営元の会社の商品・サービスがメディアの表にあらわれていないという点、もうひとつはメディアを運営している「編集部」が前面に出ていることです。

1点目の「会社が表にあらわれていない」ですが、それまでの「企業発のWebメディア」は、先ほどの「コカ・コーラパーク」のように、企業の商品・サービスをフックにした読者とのつながりを構築することが役割でした。ファンサイト・ファンコミュニティと呼ばれるように、あくまで主役は商品・企業です。また、発信元は「企業」であって、メディアを運営しているスタッフが自身が出てくることはほとんど見られませんでした。それに対し「サイボウズ式」「ジモコロ」はともに、主題となるのは社会です。「サイボウズ式」で見れば、前述したように昨今議論が交わされ続けている「働き方」ですし、「ジモコロ」も「地域」がメインテーマです。「地域」もまた、移住、Iターンなどの言葉とともに近年社会的な課題として話題になっていることはご存知かと思います。

二点目の「編集部が前面に出ている」については、両メディアともどのコンテンツにもライターの署名があり、その聞き手が主人公になって、読者を「代弁」する形で取材対象者に話を聞く形をとっていることが多いです。またその聞き手はTwitterアカウントを持ち、相応のファンが付いています。そんな聞き手が書く読み物は、いわば「代弁者」としてリードされる形で読者は文章に没入していくことになるため、当然ながら共感を呼びやすく、両メディアともTwitter上で拡散されやすい傾向があります。

現在ではこのブランドジャーナリズムの流れから、BtoB事業を持つ企業が自社の専門知識を基盤に、読者にとって役立つ情報を発信しているオウンドメディアもいくつか見られます。NECさんが運営するオウンドメディア「wisdom」もそのひとつと言える

オウンドメディアの変遷

2001年「BMW Films」が話題に

BMWが手掛けた「BMW Films」が多くの広告賞を受賞するなど話題に。テレビCMに費やす費用をムービーの制作費に投下し、ガイ・リッチーなど著名な監督による8本のショートムービーを制作した。ブランデッド・コンテンツの走りと言われている作品（使用した写真は2016年に公開された「BMW Films」シリーズの続編『TheEscape』撮影シーン）。

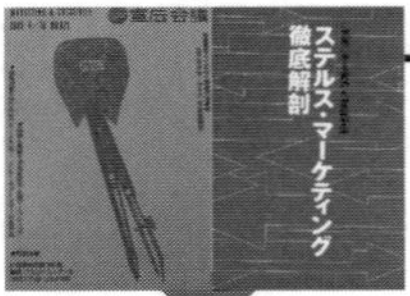

2005年 日本でもステルス・マーケティングが登場

広告でありながら、広告であることが消費者にわからないようにする行為「ステルス・マーケティング」。昨今は、個人がメディア化したことでインフルエンサーマーケティングの課題としても取りざたされるが、月刊『宣伝会議』に、この言葉が登場したのは、2005年6月のこと。この頃から「広告」に見えないコミュニケーションに対するニーズが高まっていたことがうかがえる。

©123RF

2007年「コカ・コーラパーク」開始

国内におけるオウンドメディアの最初の成功ケースと言えば、「コカ・コーラ パーク」だ。2007年の開設後、会員数は1300万を超えるまでに成長。エンタテイメント系のコンテンツが中心で、そのユーザー数から他社の広告が入るまでのメディアに成長した。「コカ・コーラパーク」は2016年12月で終了したが、企業がオウンドメディアやコンテンツに投資を振り分ける流れはこの頃から始まった。

2012年「サイボウズ式」開始

自社のプロダクトを直接的に訴求するマーケティング目的ではなく、企業の理念を伝えるコーポレートコミュニケーション活動の一環として運営されるオウンドメディアの成功ケースと言えば「サイボウズ式」だ。「新しい価値を生み出すチームのメディア」を掲げる「サイボウズ式」は、サイボウズの理念である「チームワークあふれる社会を創る」を反映したもの。この頃から、企業の理念を伝えるコーポレートコミュニケーション活動の一翼を担うオウンドメディアとしての役割が注目されるように。

©123RF

2013年「Coca-Cola Journey」開始

国で浸透し始めていた、ブランドジャーナリズムの概念を国内で取り入れた先行事例が「Coca-Cola Journey」だ。この頃から、日本でもブランド・ジャーナリズムという言葉が聞かれるようになる。自社の活動を、第三者の視点で切り取った記事で透明性のある企業情報の発信を目指す取り組み。メディア企業にいた記者や編集者が事業会社側のオウンドメディア担当として移籍する動きも見られるように。

2019年「トヨタイムズ」開始

デジタル化、さらに昨今のコロナ禍で事業ドメインを再定義しなければならないほどの変革の中にある老舗企業が増えている。自動車業界もそうした業界のひとつ。「モビリティカンパニー」への変革を標榜するトヨタ自動車は、進化を遂げようとする自社の今をリアルタイムに発信。顧客だけでなく、従業員を含めたステークホルダーに対するコミュニケーションツールとして機能している点が新しい。

でしょう。最新の技術情報やビジネストレンド、同社のソリューション情報、取り組み事例を紹介しており、著名な執筆陣による国際情勢や世界経済を捉えた連載コラム、「SDGsとは?」といったトレンドになっているキーワードの解説記事もコンテンツに組み込まれています。2004年4月の立ち上げ当初は、NECに関する情報は掲載せず、「万人に役立つビジネス情報サイト」として立ち上げましたが、2016年10月にコンセプトを大幅リニューアル。AI、スマートシティ、5Gなど、ECが注力領域や、社会課題に沿ったコンテンツを発信するように路線変更し、今では、同社のデジタルマーケティング基盤として、同社の事業に関心がある顧客とのエンゲージメントを獲得し、NECのビジネスにつなげる役割を担っています。

認知度の獲得しにくいBtoB企業においても、オウンドメディアをはじめとしたコンテンツで「社会課題と自社とのかかわり」などをアピールすることで、就活生が採用試験を受ける志望動機になっているケースもあるようです。

2000年代と2010年代で企業発のメディアの傾向は変わってきています。2000年代の「コカ・コーラパーク」のような企業発のWebメディアは、「メディア」というよりは、どちらかと言うと「会員とつながるWebサービス」というニュアンスの方が近いかもしれません。さらに言えば、いわゆる企業概要等が並ぶ「企業サイト」と別にわざわざメディアを立ち上げる企業は稀だったように思います。先述しているように、やはり体力が必要だと思われていましたし、実際そうでした。しかしその後２０１１年以降、「サイボウズ式」や「ジモコロ」のような、読み物が主体となった「Ｗｅｂマガジン型メディア」が一気に増えていくことになります。そしてその流れは２０１０年代後半まで続くことになります。その境にどんなことがあったのでしょうか？

ちなみに、先述した日本コカ・コーラも、２０１３年に「Coca-Cola Journey」というメディアを開始しました（２０２１年12月に終了）。ブランドジャーナリズムの流れを受けて立ち上がったメディアと見受けられますが、「サイボウズ式」「ジモコロ」と違う点は、企業が前面に出ているという点です。自社の活動や取り組みを、第三者の視点で切り取った記事を通じて、企業としての透明性をＰＲしようとする動きのように見えます。そう考えると、先述したコーポレートブランディングとしての役割に近い立ち振る舞いとも言えるでしょう。

また、この頃から、メディア企業にいた記者や編集者が事業会社のオウンドメディア担当として移籍するケースも増え始めています。同時にこの気運を受けて、日本でもオウンドメディアが「流行」の波に乗り始めることになります。ではなぜ急速に「流行化」したのか。その背景を深掘りしていきます。

流行になってしまったオウンドメディア

「オウンドメディア」という言葉自体の歴史はまだ浅く、「Google Trends」を使って遡ると2011年くらいから少しずつ検索され始めており、2014年から急激に伸び始め、2018年をピークに落ち着くことになります。また、同様に「コンテンツマーケティング」という言葉も同様の動きが見られます。

Webメディアに関わっていた方であれば記憶に新しいと思いますが、この一連の流れは「キュレーションメディア」「まとめサイト」などが流行ったタイミング（と淘汰されるまで）と呼応しています。こちらも2011年から徐々に言葉が出始め、2014年から急伸するものの、「WELQ問題」をきっかけに2018年頃から落ち着きを見せます。

この背景にあるのはスマホとSNSの普及でしょう。これまで情報はパソコンを立ち上げて探しにいくものでしたが、スマホの登場によって、簡単に手元で情報を探せるようになりました。さらにはＳＮＳの登場で、わざわざ探さずとも情報は「流れてくる」ものにもなりました。Ｗｅｂメディアに流れる情報そのものが「暇つぶし」の道具のひとつになった、という見方もできます。

その圧倒的な「接触量」に金脈があると、多くのキュレーションメディア・ニュースアプリ・まとめサイトが立ち上がることになります。そしてその流れと呼応するように、多くのオウンドメディアが立ち上がり始めました。コンテンツをとにかく（安価で）大量につくり接点づくりを工夫さえすれば、新しい顧客にタッチできる（もしくは継続的に顧客とつながれる）という期待から、雨後の筍のように「オウンドメディア」は急増することになります。

この流れを後押ししたもののひとつに、コンテンツレコメンデーションサービスも挙げられます。大手レコメンデーションサービスの「Outbrain」が日本に上陸したのは２０１３年（本格始動は２０１４年）。その後も続々とサービスが上陸し、国産のレコメンデーションサービスもいくつも立ち上がることになります。コンテンツレコメンデーションサービスとは、ニュースメディア等で記事を読み終えた後に出てくる「関連記事」や「おすすめの記事」などの一覧のコンテンツ選定を、独自のアルゴリズムで読者に〝最適な〟形で提供するサービスのことです。パブリッシャーとしては、読者の興味関心にあった関連情報を表示させることで、読者の離脱を防ぎPVを稼ぐことを期待してこのツールを導入するケースが増えました。

このツールのもうひとつの魅力が「ネイティブアド」です。米国・IABのネイティブアドに関するレポートによると、検索型広告含め、ネイティブアドの定義は広いものではありますが、ネイティブアドというのは、メディア上に並ぶコンテンツの中に自然に溶け込む形で掲載することで読者にコンテンツの一部として見てもらうことを目的とした広告手法のことを指すことも多いです。パブリッシャーはレコメンドエリアの一部を広告枠として開放し、そこに自然な形で広告が入り込むことで、その表示回数やクリック数などに応じてパブリッシャーは広告収入も期待することができるというわけです。

このネイティブアドはオウンドメディア運営者にとっても魅力的に映ることになります。オウンドメディアのひとつの課題に「接触数」があります。先述した通り、オウンドメディアは「自社が保有するメディア」であるわけなので、立ち上げたら「待ち構える」ことが基本姿勢となります。メディアを立ち上げる際には、コンテンツの拡散、PVの獲得は当然ながらセットになる課題です。この解決策のひとつとして、読者が多くいるパブリッシャーのメディア内に、オウンドメディアのコンテンツを自然な形でもぐりこませるネイティブアドを活用することは有用に映りました。

ちなみに、その後ネイティブアドは「ノンクレジット問題」という業界特有の問題に晒されることになります。「自然な形で見せる〝広告〟」であるはずのネイティブアドが「記事として見せれば多くのPVを獲得できる」ということだけが切り抜かれ、ノンクレジット、つまりは広告であることを伏せた形で掲載された「広告」が多数明るみに出ました。これら事例を受けて、各種広告団体が自主規制をつくるなどして注意を促す事態にまで発展しました。先ほど登場した「ステルス・マーケティング」も同様に、インフルエンサーの方々が、広告主や広告会社から依頼されてSNS上などで広告である旨を表記しないで投稿するケースが増え、こちらも問題になりました。ここでこの問題について深くは言及しませんが、こういった問題を通してここ10年強のWebマーケティングを眺めると、広告的なコミュニケーションは忌避されるという前提に立ったアプローチが目立つように思います（広告そのものが無効であるという意味ではありません）。そこを回避しようとした結果として、このような事態を招き、より一層Web広告は「嫌われる」という負のスパイラルに陥っているようにも見えます。とはいえ、こうした動きを受けて、より企業におけるWebコミュニケーションは透明性を求められるようになっていることは、押さえておくべき潮流だと思います。

さて、ここまで再三登場している「オウンドメディア」ですが、実際にその呼び名が流通し始めるのは、先述したような流れの中です。当時は会社概要や商品情報が集まったいわゆる「企業情報サイト」とは別に立ち上がった、主に「Webマガジン」の体をとったオリジナルの「読み物メディア」のことを指していました。本来的には、「企業情報サイト」も「企業公式SNSアカウント」も「オウンドメディア」と言えます。より細かなオウンドメディアの分類については次章で詳述しますが、ここでは、「オウンドメディア」という言葉が出てきた背景に則って「Webマガジン型」のメディアとして話を進めます。

しかし、それらの多くはその後2019年くらいから徐々に閉鎖に追い込まれます。様々な理由があるとは思いますが、ひとつの大きな傾向を挙げるとすれば、「流行」に乗っかる形でとりあえずメディアを立ち上げたまでは良かったものの、わざわざ別メディアを立ち上げてまで発信する理由を明確にできなかったことがあると思います。つまり、「接点をつくる」ことだけに主眼を置いて始められたメディアが、時間が経ち冷静になって考えてみると、メディア運用にかかるコストとそこから生まれる成果が見合っていないということに気づいたということです。

一からメディアを制作するには制作コストがかかりますし、維持費もかかってきます。当然ながらコンテンツを一つひとつつくることにはそれ相応の手間とコストが必要となります。特に「WELQ問題」以降、「情報の正確さを担保するため」にさらにコンテンツ制作にかかるコストは高くなりました（通常に戻った、とも言えます）。また、広告枠を購入すれば費用に応じて確実に接点をつくることのできる通常のインターネット広告と違い、オウンドメディアは基本的には見つけてもらう必要があります。わざわざ企業発のサイトを自ら見にいく人はそういません。そうなれば、ターゲットとなるユーザーのネット上の行動の中で見つけてもらうことが、メディア運用におけるプライオリティの高い位置にくることになります。その上で、もっとも有効な手段のひとつである「検索結果」の上位表示を狙うことがコンテンツ制作の主要な目的となります。

ただ、この「検索結果」はGoogleのアルゴリズムに委ねられることになります。しかしながらこのアルゴリズムは都度ブラッシュアップされるばかりかそのロジックは基本的には開示されていません。なのでWebサイトの開発担当者やWebコンテンツ担当は、常にアルゴリズムの変更に怯えながら検索結果と睨めっこをし続けることになります。検索結果の上位表示が企業のサービス・商品の認知獲得、はたまた売り上げやコンバージョンに直結するような、そのこと自体にしっかりと目的を見出しているメディアであればいいのですが、ただ「接点をつくること」、すなわちセッション数やPVを稼ぐことを主目的にしていたメディアは、その接点づくりのためにかかりすぎたコストを回収できなかったり、そもそも接点増における「成果」が曖昧だったこともあり、徐々に踊り場を迎えることになりました。

もう一方の側面としてSNSの普及、特にTwitterによる「バズ」も新しい可能性として飛びつくには十分すぎるほど魅力的に映りました。検索結果の上位表示は少ないパイを奪い合うものですが、バズにはそういった障壁はありません。ただ、もともとそういった面白さを売りにしているメディアならまだしも、企業発信のメディアで「ウケ狙い」のようなコンテンツを量産していくことは消耗戦を強いられることになります。そもそも「企業発信」として、どこまで「ウケ」を狙えるか、と言えばそうそうネタがあるわけでもなく、結果としてコンテンツの同質化を招くことになりました（オウンドメディアのひとつである「公式SNS」が特にこの流れが顕著でした。このあたりについては次章以降で詳述します）。さらにはバズで一過性のリーチは稼げても、結局のところそのコンテンツが企業や商品に対する「好影響」を及ぼすに至らなければ（ないしはどう見ても好影響を及ぼすと思えなければ）徐々に社内からも首をかしげてしまう人も出てきます。そういった「情報」が並ぶメディアであれば、社内からも「そのメディアに載せたい」と求められることもありません。企業の冠を掲げた「発信」ですから、そこにはその「企業らしさ」があってしかるべきなのですが、先述した「ウケ＝バズ」を狙うばかりに並ぶコンテンツはどこも同じような内容で、サイト（もしくはＳＮＳ）に訪れた読者からはどこの企業のコンテンツか認識もされず、結果としてただ「役に立つ情報」「暇つぶしの面白情報」だけを提供するメディアに成り下がってしまいました。

このような一連の流れを受けて、徐々に「オウンドメディア」は閉鎖もしくは縮小を余儀なくされることになりました。とりわけここで挙げた一連の顛末は、はじめに「数字」ありきで動いたことが大きな要因となっているようにも見受けられます。どうもオウンドメディアは「短期的な数字」と相性が悪いようです。

先に紹介した「サイボウズ式」「ジモコロ」と、閉鎖に追いやられたメディアの違いを見てみると、そのひとつに「前に立つ編集部の存在」が挙げられます。「サイボウズ式」はインハウスで編集部を持ち、彼らが前面に立っていますし、「ジモコロ」は徳谷柿次郎さんをはじめとして、編集チームが前面に出ています。オウンドメディアを運営する際に、

「サイボウズ式」のようにインハウスで編集チームを拵えられるのは稀なケースで、多くのメディアはその運営を制作会社や編集プロダクションに委託しています。その際に起こるのが「主語の匿名化」です。「主語の匿名化」とはつまり、メディアの主体者は誰で、どんな世界観を持って、読者に何を持ち帰ってもらうのか？　という、メディアが人格を持って読者と約束することが欠落しているということです。もちろん、企業としてのオウンドメディアではあるのですが、誰がどんな想いで運営しているのか、もしくは企業をいち人格としてどんな想いでコンテンツを届けているのか？　というメディアとしての根幹が見えない状態で運営されていることが多かったように思います。理由は至ってシンプルで、企業のオウンドメディア担当はメディア運用経験のない中で任されるだけでなく、PVやフォロワー数といったわかりやすい（しかも短期達成を強いられる）目標を担わされるわけで、そうなれば必然的に「メディアを通じて伝えたいこと」は二の次になり、ますます主語のないメディアができあがってしまう、ということです。しかしながら、メディアが乱立し情報が届きにくい中では、その匿名性はより読者を遠ざけることにもつながります。

明確なコンバージョンを最終ゴールに置いておらず、主に認知獲得を目的としていた広告の〝代替〟として立ち上げたメディアを運営し続ける意味を見出せずに、足並みを揃えて手を引くことになったということです。

ここで伝えたいのは、オウンドメディアを立ち上げてまで「どうしても伝えなくてはいけない必要性」や「オウンドメディアでなければできない理由」がないまま立ち上げても、早晩に行き詰まりを見せることになる、ということです。冒頭の問い「つまるところ、オウンドメディアを一言で言うとなんですか？」に戻れば、目的的に答えるならば多様な回答があってしかるべきだと思います。ただ、オウンドメディアが「つづくために必要なこと」を一言で言うのであれば、「その目的のために他の手法では代替できないこと」と言えるのかもしれません。

※ DeNAが運営の「WELQ」に対し、記事の信憑性や著作権侵害を疑う声が続出。外部ライターに安価で記事作成を発注する不適正な編集方針が問題視され、経済利益のみに着目した運営に批判が集まった。

Owned Media

CHAPTER 2

「オウンドメディア」を整理する

CHAPTER 2のポイント

●**オウンドメディア＝「自社で保有するコントロール可能なメディア」**
特定の「目的」に沿って、目的に合った「場所」を選び、その場所にいる読者に合わせてコンテンツ内容を都度「可変」することができる。

●**オウンドメディアの目的は様々。自社の「目的」に応じてどんなコミュニケーションを発生させたいかを明確にする。**

●**「主語」×「場所」でオウンドメディアを整理する**
・企業主語×オフィシャル：企業ホームページ（会社概要、商品・サービス概要）、キャンペーンLPなど
・企業主語×プラットフォーム：Twitter、Instagram、TikTok
・社会主語×オフィシャル：比較的新しいオウンドメディア群（「トヨタイムズ」「LifeWear magazine」「メルカリマガジン」など）
・社会主語×プラットフォーム：note

改めてオウンドメディアの必要性が高まっている

前章で「流行になってしまったオウンドメディア」について記載しましたが、それでは、オウンドメディアはもう「オワコン」なのでしょうか？　いやむしろ、ここ数年で以前の「流行時」と同じかそれ以上にオウンドメディア立ち上げの気運は高まっています。

そしてそれは、以前の流行時のような「接点づくりの一環」といったカジュアルなものではなく、企業として「その言葉」を伝えつづける必要がある、というのっぴきならない理由を抱えているものが増えてきています。

トヨタ自動車の「トヨタイムズ」を知らない方はほとんどいないと思います。「モビリティカンパニー」への変革を標榜し、進化を遂げようとするトヨタさんの「今とこれから」を追いかけていくことを主軸に置いた超大型のオウンドメディアです。

未来に向けてアクティブな姿勢で挑むトヨタに好感を抱く方も多いかと思います。サイトを見てみると、トヨタの内側に切り込む記事から、豊田章男社長による言葉、トヨタを支える職人たちの言葉、未来に向けたプロジェクトの現在地など、一般的な車のＣＭでは窺い知れない内実をエンタメ色高く飽きさせない工夫で発信されています。

しかし「トヨタイムズ」がどんな「必要性」に駆られて立ち上げられたかを知っている人は少ないのではないのでしょうか？　その答えとして、記念すべき1本目の記事にはこう書かれています（そのメディアがどんなメディアでありたいか、何を目的にしているかは、１本目の記事を見るとよくわかります）。

トヨタイムズは、トヨタに関わる全ての方に、トヨタのインターナル（内側）をお見せするメディアです。（中略）トヨタの中でどんな変化が起きているのか。トップは何を考え、何をしようとしているのか。ファクトや数値を超えた〝想いや体温〟のようなものも含めて、さらけ出していかなければ、一緒に闘う仲間と一枚岩にはなれないと思っています。

サイトの内容をざっくばらんに見れば、「内側をお見せする」というのはなんとなくわかると思います。「変化」という言葉には、「プロセスを開示する」という意図が見えます。さらに「想いや体温」というエモーショナルな言葉が出てきた後、こう続きます。「さらけ出していかなければ、一緒に闘う仲間と一枚岩にはなれない」と書いてあります。このメディアは、トヨタで働く社員に向けた「レター」でもあるということです。そこにはきれいにまとめられた機能的な価値だけではなく情緒的な価値を伝えなくてはいけない、という強い意志も見えます。

・包み隠さずプロセスを見せること
・トップと社員をつなぐ橋の役割
・ファクトよりも想い

まとめるとこんなところでしょうか。上記のようなことは、自動車メーカーにおける通常の商品CM上や、スペックをわかりやすく伝えることを目的にした商品サイト上では伝えきれないことです。ただ、どうしても伝えなくてはいけない、というのっぴきならない必要性、もっと言えば使命感を感じます。

もうひとつオウンドメディアの事例を挙げます。ユニクロさんです。軽やかでポップなテレビCMとはうってかわって、スタイリッシュでカルチャー性の高い「LifeWear magazine」というオウンドメディアがあるのをご存知でしょうか？　こちらはWebマガジンだけではなく、店舗では雑誌としても置かれています。一見するとカルチャーマガジンのようなセンスを感じ見入ってしまいますが、それもそのはず、このメディアはマガジンハウスの人気雑誌『POPEYE』の元編集長が手がけています。数年前「電撃移籍」として、一部ネットニュースでは話題にもなりました。

この「LifeWear magazine」はどんな必要性に駆られて立ち上げられたのでしょうか？メディア内のaboutページには以下のようにあります。

LifeWearは、あらゆる人の生活を、より豊かにするための服。
美意識のある合理性を持ち、シンプルで上質、そして細部への工夫に満ちている。
それは実際にどのような服であって、どのような考えのもとで作られているのか。
多くの人に伝えるために創刊されたのがLifeWear magazineです。

ユニクロさんが大切にしている「LifeWear」という概念を、より丁寧に伝えようとする意志を感じます。また、「どのような考えのもとで作られているのか」ということから、こちらも「トヨタイムズ」同様、スペックよりも想いを伝えるメディアとして立ち上がっているようです。「普通の服」という「LifeWear」の概念を、逆張りするようにスタイリッシュでカルチャーなことであるように見せるデザイン性は、「アパレル」としての矜持も窺い知れます。たしかに、ポップで軽やかなテレビCMや機能性高いインナーなどの商品のイメージでは伝えきれないニュアンスがあります（個人的には、村上春樹さんが服について語るエッセイがとても好きです。彼にとって服はどんな存在であるのか、を語った上でユニクロはどういう存在か？につながる一連の文章を読んでいると、不思議とユニクロさんと村上春樹さんの思想が一致しているような感覚になります）。

・企業のミッションを丁寧に伝える
・企業の「頭の中」を見せる
・カルチャー性・先進性をアピール

感じ方は人それぞれかと思いますが、私が感じたことはこんなところでしょうか。こちらも「トヨタイムズ」と同様に、ユニクロさんの企業としての思想を表現することで、多くの消費者が持っているであろう「便利で購入しやすい」ユニクロさんのイメージに「理由」を追加し、より愛着を持ってもらうことに成功していると言えるでしょう。

「トヨタイムズ」も「Lifewear magazine」もともに2019年に始まっています。この他にもメルカリさんが運営しているライフスタイルマガジン「メルカリマガジン」も「個人の好きなものを応援するWebマガジン」として2019年に立ち上がっており、モノを所持することを通じて「人生の楽しみ方」や「生き方の多様性」などを伝え、メルカリというプラットフォームが持つ「誰かの不要なものが誰かにとって必要なものになる」というウォーミーな世界観を伝えることに寄与しています。こちらもCMや広告などで見る訴求とは一線を画した形で、企業としてのミッションを伝えることに成功している事例であると思います。

これらのメディアが2019年にオープンしたことは偶然ではないでしょう。ここ数年で立ち上がったメディアに共通することと、以前の「流行時」に立ち上がり消えていったメディアに共通することは「企業の内側の〝声〟を拾う」か否か、ということにありそうです。さらに言えば、メディアとしての発信内容の起点が「企業・商品」だったものが「社会・個人」となっているとも考えられます。

企業主語から社会主語へ。
プロダクトよりパーソナル。

ざっくりと言えばここ数年でオウンドメディアにはこんな変化がありそうです。

トヨタ自動車、ユニクロ、メルカリと大手企業のメディアを紹介してきました。これら企業にひとつ共通するものがあるとすれば、既に企業名が多くの方に認知されているという点です。それ故、消費者にとってその企業のイメージが個人差はあれど定着しているものと思われます。そういった意味では、大量に投下された商品・サービスの広告によって消費者についたイメージを補強するためのオウンドメディア戦略であると解釈することもできます。こうした背景を理解しないまま、いきなり「トヨタイムズ」や「LifeWear magazine」のような企業メッセージを中心としたメディアをやろうとしても読者不在のひとりよがりのメディアになってしまいます。人は既に「知っているもの」に反応し、その中で「知らなかった」ものに発見性、もしくは感動を覚えるものです。そもそも知られていなければ、こうしたメッセージ性の強いメディアは機能しないということも頭に入れておく必要があります。

事例：「イケウチな人たち。」

では、既に多くのユーザーに認知されている企業でないとオウンドメディア展開はできないのか、と言われればまったくそうではありません。ここでIKEUCHI ORGANICという老舗のタオルメーカーのオウンドメディア「イケウチな人たち。」を紹介させてください。ちなみにオウンドメディア「イケウチな人たち。」も2019年から始まっています。「イケウチな人たち。」がオープンした日の「ニュース」にはこのように書かれています。

私たちは、社員というよりも、その周辺にいる取引先の方やお客様など、IKEUCHI ORGANICに関ってくれていて、応援してくれる人のことを、イケウチな人たちと呼ぶことにしました。つまり、このメディアは、IKEUCHI ORGANICのタオルを愛用してくれている方に取材をして、どんな人生を歩もうとしているのかや、モノを選ぶ基準を聞いて、これからの豊かさについてみんなで一緒に考えていくメディアです。

イケウチな人たち。
by IKEUCHI ORGANIC
好きな人たちと考える、これからの豊かさ
イケウチな人たち。について

2019年に開始した、老舗タオルメーカー、IKEUCHI ORGANICのオウンドメディア「イケウチな人たち。」。

ここにはIKEUCHI ORGANICのタオルを愛用してくれる方たちを「イケウチな人たち」とした上で、彼ら彼女らにモノを選ぶ基準や理想の暮らしなどについて聞いたインタビュー記事が並んでいます。面白いのは、IKEUCHI ORGANICのタオルを選んだ理由を出発点にして書かれてはいない点です。もちろん記事を読んでいけば、IKEUCHI ORGANICとの出合いから愛用している理由が書かれていることはわかるのですが、しかしながらそういった「クチコミ」的な要素はむしろサブに回っている点がユニークです。

利用者によるクチコミをメインに打ち出した企業・商品サイトは多いと思います。ただこれをコンテンツの軸にしてしまう難しさは、ポジティブな点だけを前面に出さないと機能しないことです。さらに言えば、クチコミを企業側からコントロールしようとすると、どうしても声が嘘くさく見えてしまう弊害もあります。また、その商品がCM等で既に知っているモノであれば、自身の中のその商品に対するイメージとクチコミを比較して、自分の中の「モノサシ」で判断できるのですが、そうではない場合、どうしても利用者のクチコミだけでは判断基準になりづらいです。そうであれば、と企業が飛びつくのが多くの人が〝知っている〟インフルエンサーに「クチコミ」的な発信をお願いすることですが、これも一部では機能するものの、あくまで点のブーストでしかありません。継続的に発信してくれれば良いですが、その都度コストもかかるこの手の「広告的手法」は、常に費用対効果に晒されてしまいます。このメディアが面白い点は、「イケウチファン」の価値観や人生観をつぶさにすることを通して、IKEUCHI ORGANICが大切にしているビジョンや大切にしていることが伝えられていることです。使用したメリットを伝えるクチコミ的なものは往々にして「機能的」なことに終始してしまいますが、こうした価値観は個々人のものであり多様であり際限がありません。さらには一度インタビュー記事が出ると、感度の合う読者が記事をシェアし、その価値観に共感する人をまた新しく連れてくる、という好循環が生まれていきました。こうした循環を生み出す場所は主にSNSです。愛情溢れる言葉とともに広がった記事は近しい人を媒介にしてさらに広がっていきました。

また、もうひとつ面白い点はメディアをつくっているライター・編集者等の制作陣です。このメディアは、IKEUCHI ORGANICの広報メンバーを中心にして、社内外のクリエイターを巻き込んだチームとして動いています。そのチームメンバーすべてがIKEUCHI ORGANICの価値観に賛同するメンバーで固められており、且つ全員がIKEUCHI ORGANICのファンで構成されています。広報担当自らが営業のように足を使って彼ら彼女らに会いに行き、価値観を共有してからメンバーになってもらっているという点も見逃せません。単にクオリティの高いコンテンツを生み出してもらうことではなく、メディアのコンセプトに則って、制作陣の「価値観」まで統制されているこだわりが、このメディアのすごいところです。この効能は、制作陣がTwitterやブログなどを通じてこのメディアにかかわっていることを積極的に告知をしてくれる点です。ライターやカメラマンも個人でSNSを当たり前にやっていますし、その中にはフォロワーが相当数いる方もいます。先述したような「インフルエンサー」的機能ではなく、彼ら彼女らが率先して(前のめりに楽しく)語り出してくれるのです。時に記事公開前に熱量たっぷりに取材のことを振り返りつつ記事がリリースされることを告知することもあり、意図せずティザーの役割を果たすこともあります。そしてそれを受け取った人たちはまたSNS上で広げてくれることになります。

IKEUCHI ORGANICの価値観に共感する人の声と、制作陣の熱量に巻き込まれるように、「イケウチな人たち。」は雪だるま式に熱量高い読者を獲得していきました。このメディアの仕掛け人であり、当時の責任者であった牟田口武志さんは、このメディアを始めるにあたり、当時運用していた「リスティング広告」をやめたそうです。成果がすぐに出るリスティング広告を捨ててまで、一見遠回りなこのメディアを運用する方が、長い目で見た「広がり」につながるという判断だったとのことで、しっかりと功を奏しているようにも見えます。

これまでのWeb上における戦略は、明確なターゲットに向けて〝何度も〟刺していく手法か、より多くのパイの中で認知をとり、そこから反応した人に絞って〝後追い〟していくような、いわゆるロート型のマーケティングファネルに当てはめた戦略を行っていたように思います。しかしながら、今紹介した「イケウチな人たち。」は、まずIKEUCHI ORGANICに共感する〝中心的な〟人から発信し広がっていく、つまりは「同心円状」のフローが当てはまります。これは先述した「サイボウズ式」「ジモコロ」にも通じるメディアの性質です。

「イケウチな人たち。」も「トヨタイムズ」「LifeWear magazine」「メルカリマガジン」の共通点としては、先述している通り「プロダクトよりパーソナル」である点、「企業主語から社会主語へ」という点かと思います。

この変化の要因を探るためには、ここ数年の世の中の変化を眺める必要がありそうです。その変化を受けた企業側の発信における変化をざっくりと言えば「大きなメッセージ」と「小さな声」に集約されます。次から詳しく見ていきます。

大きなメッセージと小さな声

「若い世代はあなたたちの裏切りに気づき始めています。未来の世代の目は、あなたたちに向けられている」

2019年9月23日、ニューヨークで開催された国連気候行動サミットに出席したスウェーデンの環境活動家のグレタ・トゥーンベリさんは、各国のリーダーを前に涙を浮かべながら力強く演説しました。当時彼女は16歳でした。

このニュースは多くの方の目に留まったことと思います。切実な「次の世代」からの叱責にも近いこの演説に多くの「大人たち」は俯きながらも我が身を振り返ったのではないでしょうか。

翻って、日本でも、2020年に大学生でモデルのトラウデン直美さんが、買い物をする際に「環境に配慮した商品ですか？」と店員に尋ねることで店側の意識も変わっていく、といった趣旨の発言をして、ネット上で大きな議論を呼びました。


環境問題のみならず、2020年にアメリカでは、アフリカ系アメリカ人が白人警察官に首を9分近くも圧迫されて死亡された事件を受け、人種差別抗議運動が勃発。「Black Lives Matter」という言葉とともに日本でも連日ネットを中心に議論が巻き起こりました。また、テニスプレーヤーの大坂なおみ選手がこの運動を支持したことを受け、スポーツブランド、ナイキジャパンが大坂選手に寄り添ったと思われるコピー「この勝利はじぶんのため　この闘いはみんなのため」とTwitter上で広告発信をしたことも話題になりました。そのほとんどは大坂選手及びナイキの姿勢に共鳴するものだったと記憶しています。

これらの出来事に対してここで是非を問うことはしませんが、ひとつ言えるのは、ここ数年でソーシャルイシューがより表面化されるとともにＳＮＳを中心に議論される機会が加速度的に増えてきたということです。さらに言えば、そういった問題に「他人事」でいる発言に対してもネガティブな声が出されるようになったのもここ最近の傾向かと思います。

また、２０３０年までに持続可能でより良い世界を目指すための国際目標ＳＤＧｓ(Sustainable Development Goals)が、２０１５年9月に国連サミットで採択されてから、より多くの企業が将来に向けた目標やビジョンを提示するようになりました。さらに教育現場に目を移せば、多くの小中学校でＳＤＧｓの教本が配られ、学校の中でＳＤＧｓやソーシャルイシューについて語られる機会も一気に増えました。その教本の中には、企業が取り組んでいる環境問題や国際問題も記載されています。当社も２０１４年から、中高生と一緒に「豊かな地球のめぐみを将来につないでいく」ためにどうすれば良いかを考え、議論し、次世代に伝えていくためのプロジェクト「キリン・スクール・チャレンジ」を行っています。直接中高生と顔を突き合わせ、当社商品のＳＤＧｓにかかわる活動について伝えるとともに、ワークショップを開いて、より良い未来を語り合う「双方向の活動」として現在も継続しています。

このように、主に今の20代以下の世代は、より「現実的な問題」としてソーシャルイシューを捉えています。と同時に、企業に対してもよりシビアな視線を向けていることは間違いのないことだと思います。

現に、商品を選ぶ理由として、その商品を扱う企業の社会貢献等の活動を見る層は、ここ数年で、特に若年層を中心に増え続けています。

こういった背景を受けて、企業としても一過性のエモーショナルなメッセージ広告を打つだけでは、「現実的な世代」からの支持は得られないということに気づき始めています。また、これまでは、上記のような社会貢献の色が強い活動は、いわゆる「企業サイト」上に置かれている無味乾燥な報告だけに留まっていたように思います。昨今のこの状況を機会と捉え、こういった活動こそ「プロセス」ごとにしっかりと自分たちの言葉で開示することを通じて、その企業の社会・未来に向けたメッセージを誠実に伝えうる場として、企業は新たに「オウンドメディア」を立ち上げるという選択をしていると見ることもできそうです。

見出しにある「大きなメッセージ」とは、ソーシャルイシューに根ざした社会的な視座から見た企業としてのメッセージを掲げることであり、「小さな声」としたのは、一過性のキャッチコピーではなく、社員や関係者といった最小単位の「実際的な声」を誠実に伝えることにメディアの価値を置くメディアの方向性の傾向からです。

先述した「流行になってしまったオウンドメディア」と異なる大きな点もここにあります。流行になってしまったオウンドメディアはコンテンツの「探し先」は、世の中の「ニーズ」「流行」でした。そういったことを起点にすると、どうしてもコンテンツは「同質化」に陥ります。また、「流行になってしまったオウンドメディア」のコンテンツは読者にとって「役に立つ」もの、あるいはただ「面白い」ものが圧倒的でした。「役に立つ」もの、「面白い」ものは消耗されます。ユーザーにとって役に立つものは「ひとつ」もしくはごく少数でよく、面白いものは、その曖昧さ故際限なく比較と追求を繰り返してしまうからです。結果として、コンテンツ自体も消耗戦を繰り広げるようになり、内容は企業のイメージすら棄損しかねないほど過剰に大味になっていき、ノーが突きつけられた(閉鎖に追い込まれた)ということなのかと思います。

ここ数年で新たに立ち上がり始めているオウンドメディアが発信するコンテンツの起点は企業の活動を担う「小さな声」です。そしてその「小さな声」は企業が存続する限り当然ながら存在し続けるという「持続可能性」を担保します。さらに言えばそういった小さな声は意図せずともオリジナリティも担保されることになります。何より、そのメッセージは社内に向けたメッセージとしても機能します。

このように、2019年を境に増え始めたオウンドメディアは、消費者ならびにステークホルダーに約束をし続けるための発信拠点として徐々に浸透し始めています。

企業発の声を発信しつづける必要性

駆け足で10年あまりのオウンドメディアの趨勢と今の兆しについてお届けしました。流行になってしまったオウンドメディアと、新たな潮流である「社会的な視座に立った」オウンドメディアの違いの背景に、昨今の社会的な潮流があることにも触れました。

では、オウンドメディアは「社会的な発信」をすべきで、それ以外はすべきではないと言えば、決してそういうことではありません。詳しくは次章でお伝えしますが、オウンドメディアの役割と目的は多種多様であり、一概に先述したような視座におけるメディアだけが「正しい」というわけではありません。あくまでひとつの潮流です。ただ、これだけのページを割いて、ひとつの潮流を説明したのは、オウンドメディアは「企業発信」である以上、どこまでいっても企業の内側に伝えるべき言葉があることが大前提にあるか？

という問いありきで進めるべき、ということです。その上で、あえて新しくメディアを立ち上げてまで（もしくは既存のメディア上で）伝える必要があるのか、もしくは伝えなくてはならないほどののっぴきならない理由があるかを考えることです。

ここでひとつの指摘がありえます。伝えたいことをより伝わりやすく多くの人に届けるのであれば、オウンドメディアを利用せず、手っ取り早く広告を利用すれば良いのではないか？　という指摘です。既に多くの読者を抱えているニュースメディアやカルチャーメディア上でタイアップ記事として伝えることの方が、手っ取り早く伝わるのではないか？という問いです。

たしかにタイアップのような形で第三者メディアを活用することもとても有効です。メディアのプロである編集者の手にかかることで、自社の伝えたいことに新しい価値観を付与して魅力的に伝えられることも可能です。何よりそのメディアのファンである多くの読者に瞬間的にポジティブな情報として届けることができます。反面、タイアップ広告は基本的に「期限つき」であることと、情報はそのメディアに「最適化」されるという課題があります。しかしオウンドメディアはこの課題を補強できる可能性があります。

私が前職でプロデュースしていた旅メディア『ことりっぷ』Webにおいて、当然ながらメディアを存続するための大きな柱は広告収益です。その中でも多かったのは、企業の商品やサービスを「ことりっぷ風」にアレンジして読者に刺さるように記事化する「タイアップ広告」でした。

とある地域から発注をいただいて、その地域を魅力的に『ことりっぷ』らしく紹介する際には、くまなくその地域を調べた上で、『ことりっぷ』読者が興味を持つ内容にフォーカスをして読者が喜ぶような見せ方にアレンジすることになります。そこが第三者メディアでタイアップを行う大きなメリットでもあります。ただそこでこぼれ落ちるのは、当然ながら『ことりっぷ』読者が興味を抱かないであろう内容です。メディアの編集者は、その「好き」のコントラストをうまくトリミングをして見せることになります。そうなるとどうしても伝えきれない部分が出てきます。

もうひとつあるのは、その記事はリリースされた「その時点」の情報でしかないということです。仮にそのメディアを回遊していて興味を持ってその記事を見ても3年前の記事だったとしたら、おそらく読者はため息混じりにそっとタブを閉じ、改めて検索することになるでしょう。

トリミングされた情報や賞味期限切れの情報を見て「もっと知りたい」となった時にもオウンドメディアが有効になります。「もっと知りたい」の奥には、対象となるモノ・コトへの興味が高じています。そういった状態で訪れたオウンドメディア上で熱量高い「現場の声」が待ち構えることで、好意や愛着を持ってもらうきっかけにもつながりうるということです。そういった意味では、オウンドメディアの起点は「内側の小さな声」であるべきと言った背景には、こういった「要約」「時間」コンテンツを補強する働きもあるからです。

私が担当しているKIRIN公式noteで実際にあったことです。某ニュースメディアでキリンのとある取り組みの裏側を伝えるタイアップ記事広告が配信されました。その記事がリリースされた後、数十万人フォロワーがいるそのニュースメディアの公式のTwitterアカウントでシェアされるわけですが、その投稿にnoteで取材した記事が紐付けされていたんですね。そのnoteの記事は、商品に携わった人の10,000字近く文字を割いたインタビュー記事でした。ニュースメディアでは2,000字近い文字量でとてもわかりやすくその取り組みの概要をまとめていました。このことから見えるのは、オウンドメディアは広告その他の「点の接点」で興味を持ったユーザーの「受け皿」になりうる、ということです。

点の接点を最大化させるための広告の先の、愛着を育むための「受け皿」としてオウンドメディアを捉えることもできるでしょう。そういった視点から見ると、オウンドメディアが何を伝えるべきなのかがもう少しハッキリしてきそうですし、オウンドメディアだけを拵えておけばいいというわけではないこともわかります。1章冒頭の「私」はオウンドメディアとは？　と問われて「企業が獲得したいイメージを貯める場所」と答えていますが、それはこういった意味合いがあります。つまり、企業やプロダクトのコミュニケーションのありとあらゆる接点を見渡し、その上でユーザーが抱いたであろうイメージを想像した上で、「足りないもの」「プラスアルファ」として伝えるべき内容を貯め続ける場所がオウンドメディアであるという言い方もできるということです。これだけ情報が溢れている中で、そもそも企業発のサイトにユーザーを集客することすら難易度が高いことです。そういった前提に立った上で、それでも前述のような整理を経て「出す必要がある」となってはじめてオウンドメディアは機能し始めます。くどいようですが、オウンドメディアは「やる必要」を見出せないのであれば立ち上げないことです。

では、私がKIRIN公式noteを立ち上げた「必要性」はどこからきたのか。そのあたりについて、転職してきた時点から時系列で追っていきたいと思います。

キリンがnoteを始めた理由

「はじめに」でも書いたように、私は2018年にキリンに転職。入社時はデジタルマーケティング部に配属され、メディア業界出身ということもあり、直販サイトの「DRINX」内で既にあった「特集」まわりの企画・運用を担当することになりました。

担当当時、「特集」内に並んでいたコンテンツは当社商品の「楽しみ方」がほとんどでした。お酒と料理のペアリングを軸に、シーズンに合わせて切り口を変えたものが中心で、彩り豊かでワクワクするコンテンツが並んでいました。コンテンツ企画時は当然ながら、その商品をつくった人にヒアリングする機会を設けます。取材とまでいかなくても、なぜその商品をつくろうと思ったのか、その商品におけるこだわりは何か？　どこがうまくいったのか？　などを聞くことになります。

なかば「転校生」の立場の私は、その話の一つひとつがとても面白かったんですね。何より、従業員が語る商品に対する愛情や思い入れに感動しっぱなしでした。一見するとクールに振る舞う従業員たちですが、いざ自身の取り組んでいることを話すとなると、まるでこどものように目をキラキラさせる。その熱量に触れて、入社するまで抱いていた「大企業」の人のイメージがガラッと変わりました。同時にこの話を「外に出さないのはもったいない」と思い始めました。さらにそういった発信が広告を含めて一切されていないという事実と、従業員もそういった想いを知らないという事実にぶつかりました。そうであれば、商品に関わる人たちの声を丁寧に拾い集めて伝えることができれば、既にその商品が好きなファンからより愛着を持っていただくことはもちろん、社内で情報が入ってこない従業員やこれからキリンで働きたいと思っている人にとっても必要なコンテンツになるという仮説が立ちます。ついでに言えば、幅広い商品群を見渡してもコンテンツは無尽蔵にいくらでもあるということもわかりました。

キリングループ全体に視点を広げると２０２７年に向けて「食から医にわたる領域で価値を創造し、世界のＣＳＶ先進企業となる」というビジョンを掲げています。事実、ＣＳＶの取り組みの活動報告は日々私の手元にも届きます。それは多分に熱量の高い報告で、気づけばその熱量に引っ張られるように、活動の中心人物たちとつながっていきました。先述したようなソーシャルイシューに対する議論が世の中で活発になってきている時期でした。他企業では、大々的に広告を用いてスタンスを示してるところもあります。キリンの社内に目を戻せば、手元に届く活動報告とは裏腹に外にメッセージとして出ておらず、企業サイトの中にひっそりとあるだけでした。

これでは、仮に企業体として「CSV先進企業」になれたとしても世の中にそういったイメージを持たれていなければ想いや熱量を十分に伝えることはできません。そういった状況を見てキリンの掲げているビジョンをより効果的に伝えていく受け皿も必要だと思っていました。SDGsや働き方など、ソーシャルイシューへの意識の変化が一段とスピードをあげる中、プロダクトの広告では伝えきれない、「社会の一員」としての立場からのメッセージを伝えるためにも、新たにメディアを立ち上げる必要があったのです。

概ねこのような課題がありましたが、感じた課題の根本にあるのは「もったいない」という感情です。これだけの熱量、これだけの面白さを出さない理由がない、そんな衝動にも似た想いがメディア立ち上げまで連れていってくれました。

とは言え、オウンドメディアを立ち上げるまでにはそこから一苦労ありました。まだまだ当時は「オウンドメディア＝広告的手法」のひとつという認識が社内でもありましたし、「従業員の想いを伝えるメディア」と言っても、ずっとキリンで働いている人からしたら「それって面白いの？」という反応でした。これは往々にしてどの会社でもあることですが、外から見ると面白いことでも、社内からは当たり前のことすぎてスルーされてしまうことが多いんですね。そんな状況下でもあったので、とにかく小さく始めるためにサイト構築費用がかからないｎｏｔｅを採択し、２０１９年４月、キリングループ一人ひとりの声をできるだけ素直にお届けするメディアとして、小さく（ほんとうに小さく）メディアを立ち上げることにしました。では、なぜｎｏｔｅだったのか？　採択した理由は後ほど詳述します。

オウンドメディアの始め方

オウンドメディアやＳＮＳの立ち上げを構想する際、マーケティング手法に則って「どんなターゲット」に「どれだけのコンテンツ量を投下」して「どれだけの人に見てもらうか」をはじめに設定しようとしてしまいがちです。どうしても「外側」からかためてしまう傾向があるのです。
ただ、発信する内容が基本的に自社内にあるオウンドメディアの場合、「外側」の戦略を立てる前に、まずは内側に目を向けて「継続的に出し続けられるネタがあるか」「発信したい熱源はしっかりあるか」を確認することです。キリンで言えば、造り手のこだわり、現在進行中の研究、ソーシャルイシューに向き合う活動など、継続的に熱量高く出し続けられるネタはあることはわかっていました。内側に目を凝らすことは「つづくメディア」になるためのひとつめの分水嶺と言えます。

さらには期待する効果をどう設計するかもとても重要です。インターネット上に出すコンテンツとなると、どうしても「フロー型」のコンテンツとして捉えてしまいがちです。どうせ「流れる」ものだからと、「点」の接点を最大化させることに終始してしまいます。公開してから1週間程度のＰＶやリーチを追いかけ、その数値をＫＰＩとしているメディアも多いと思います。ＰＶを上げる分だけ広告収益が入るメディア事業ならまだしも、必ずしも「良し悪し」の評価として断定するには早合点としか言いようがありません。もちろん、点の数字はコンテンツの健康診断として重要です。しかしながら本来的にはインターネット上のコンテンツは、いつでも、誰からもアクセスできるものです。そう考えると、息長く存在させることと多面的に接点をつくりだすことも、Webメディアのひとつの特長として捉えることもできるわけです。そこまで考えると、オウンドメディア担当が担うことは、より「息長く」存在しえると思えるだけのコンテンツをつくることと、細くとも多くの接点を生み出すことと言えることもできるわけです。具体的な効果の設定の仕方は後述しますが、はじめに掲げる効果（目標）はこの点を踏まえて設計することです。

とはいえ、「息長く存在するコンテンツ」とはとても曖昧です。何をもってそう判断すべきかは個人差がありそうで説得力がありません。あくまで私たちの場合で言えば、KIRIN公式noteでは「取材された方がその記事を見て自身のやっていることの『代詞』と呼べるか」を評価のベースに置いています。つまり、自身のやっていることを誰かに説明する際の手っ取り早い手段として、取材された記事のURLを教えるというようなことです。それは一番ミクロで一番持続的な「接点」に他なりません。こうした小さな「接点」を生み出しつづけるコンテンツをつくり続けることが、結果として「やめられない」メディアになりうる、もっと言えば、社内から期待され続けるメディアになる、そう判断してこの評価を採用しています。いずれにせよ、インターネットだからこその利点を活かした上で「長期的な視点」でメディアの効果を捉えることが必要です。

新しいつながり、同心円状のひろがり

改めてここまでの話をざっと整理すると、2010年以前は「会員Webサービス型」のオウンドメディアが主流であり、スマホ・SNSが一般化してきた2011年以降は「Webマガジン型」のオウンドメディアがWebマーケティングの「流行」に乗っかる形で多く立ち上がりました。その後多くのメディアが効果を実感できずに閉鎖に追いやられる中、今でも多くの読者に支えられているメディアに共通しているのは「編集部が前面」にいることと「企業主語ではなく社会主語」である点であることに言及しました。さらに2019年以降、よりソーシャルイシューが議論される中にあって、「社会の一員」としての志向を指し示し、企業イメージを補強するためのオウンドメディアが立ち上がってきた、概ねこのような内容かと思います。

KIRIN公式noteも、このような潮流の中で立ち上がったわけですが、ありがたいことに3年以上つづけることができています(とはいえ、まだ3年強ですが)。つづけてきた中で見出されてきたことは、オウンドメディアとして「情報発信」をしてきたつもりが、「リ

レーションの起点」になっているということです。

ここでいうリレーションは主に3つです。

・社内からの新しいオーダー
・同じ思想を持つ人たちとの共創
・読者とのコミュニケーション

ひとつずつ見ていきます。開設当時の2019年は「キリンビール」の公式アカウントとして運営していました。「これからの乾杯を考える」をコンセプトに、当時は当社のクラフトビールブランドの造り手のこだわりを伝える記事や、日本産ホップの生産地である東北まで飛び、日本産ホップにまつわる農業の課題と現在地を伝える記事などを出しました。記事化する際にも、前述したように「取材者にとって代名詞となりうるか」という視点を大切に、多少文量が多くとも、伝えきることを優先して記事にしていきました。すると、主に取材された人から社内に徐々に広がっていき、「私のブランドも取り上げてほしい」「この活動に注目してほしい」というオーダーが雪だるま式に舞い込むようになりました。それはキリンビールのみならずキリングループに広がりが出てくるまでになりました。その声に応えるように、2021年3月には「キリンビール」から「KIRIN」にメディアをアップデートし、扱う情報をグループ全体の事業に広げることにしました。現在、KIRIN公式noteには様々な事業会社、職種の記事が並んでいます。若干カオスめいてきている点は否めませんが、「熱量のある個人的な言葉」を拾い続けることで明文化できない「キリンらしさ」が出てきているようにも見えます。

「流行となってしまったオウンドメディア」の理由に「社内からの期待がなくなった」ことがあると記しました。また、オウンドメディアを始める際に必要なのは「内側に熱源があるか」を見定めること、とも書きました。熱源にあたり、しかるべきアウトプットを続けると社内から「続けてほしい」という期待が生まれ、より良い社内のコミュニケーションが生まれてきます。最近では、商品やサービス、取り組みを新しく始めるタイミングから対話を行うことも増えてきました。広告等を通じたコミュニケーションと並列する形で、オウンドメディア上における発信内容について考えていく機会が増えてきています。

「同じ思想を持つ人たちとの共創」ですが、これはnote特有の世界観かもしれません。noteはクリエイターが創作を続けられることをミッションに置いたプラットフォームです。noteの特徴は次章以降で詳しくお伝えしますが、noteで個人のアカウントを

共感から生まれる同心円状の広がり

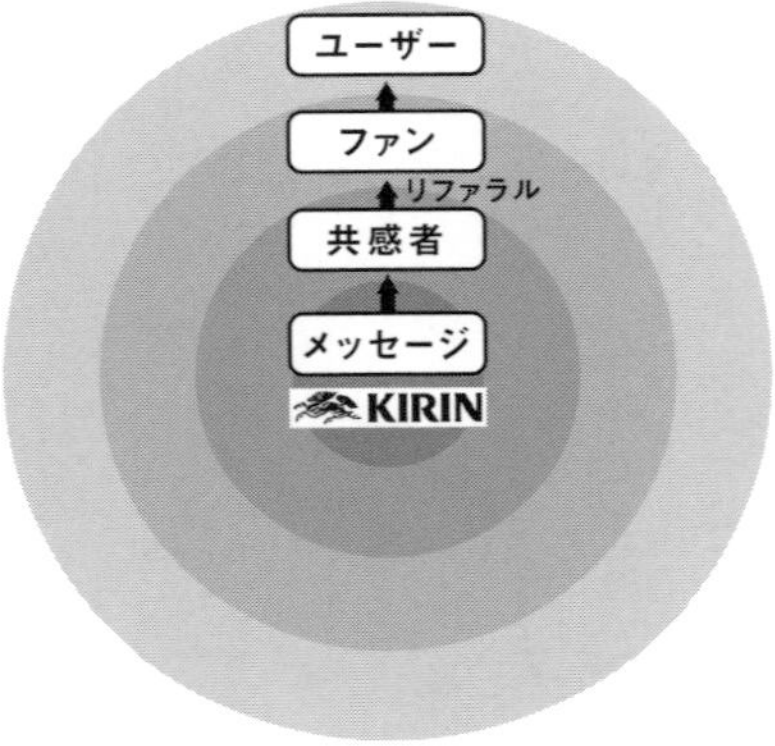

共感者の小さなコミュニティから、ジワジワとコンテンツが広がっていく。

立ち上げて発信している人の多くは、何かを生み出すことを生業としています。その中には、当社の取り組みとかかわりのある方や、同じような目的を持ってnoteを立ち上げた企業さんもいらっしゃいます。KIRIN公式noteでは「#日本産ホップを伝う」という特集を行っています。これは、日本産ホップの魅力向上のための取り組みを紹介する特集なのですが、その中には、キリンからの発信のみならず、東北のホップ生産地から発信された記事も格納されています。本来オウンドメディアは「自社で保有」するものですが、目指す未来が一緒であれば、同じ視座の人たちとのコミュニケーションが生まれ、一緒に手を取り合って発信することでより多くのことを伝えられ、それを見た同志がまた広げてくれる、そんな広がりを生む企画となりました。

また、「読者とのコミュニケーション」においても、とても面白い事例が起き始めています。詳細は4章でお伝えしますが、キリンラガービール愛を語る企画「#今日はキリンラガーを」では、私たち従業員のラガー愛溢れる記事を出すと、それを見た読者から「僕の・私のキリンラガー」の声がTwitter上でたくさん届くようになりました。中には、noteで「キリンラガー愛」を書いていただくケースも出てきました。約4ヶ月にわたる連載の中で、Twitter上で多くの発話に繋がり、ハッシュタグを含む投稿のリーチは1,500万を超えました。ひとつの企画が、このようにリーチを稼ぎ、広告的な役割まで担うようになる、ということもメディア開設当初では考えられないことでした。

オウンドメディアは単なる発信拠点ではなくコミュニケーション装置になりえます。そしてそのコミュニケーションをきっかけに同心円状に広がっていく可能性を秘めているメディアでもあります。これは点の接点を最大化させる広告ではなしえない展開と見ることもできます。

ここからは、より仔細にオウンドメディアの定義とその役割、そして可能性についてお伝えしていきます。

オウンドメディア＝自社で保有するコントロール可能なメディア

ここまででは、2010年代に「流行となってしまった」オウンドメディアに代わる新しいタイプのオウンドメディアとして「社会主語」のメディアが2019年以降ひとつの潮流として現れてくるまでを時系列でまとめました。その中で、オウンドメディアがコンテンツの発信拠点のみならず、コミュニケーション装置になりうることもKIRIN公式noteの事例を用いてお伝えしました。

ここからは、より具体的に「オウンドメディア」について整理していきたいと思います。なぜ整理が必要かと言えば、オウンドメディアは目的に応じてより「多岐化」してきているると思えるからです。先に紹介したような「社会主語」のオウンドメディアはあくまでひとつの潮流でしかありません。すべての企業における最適解では決してないということです。再三申し上げている通り、まず考えなくてはいけないのは、メディアを立ち上げてまで伝える必要性があるのか、メディアとして続けられうるくらいの熱源が社内にあるか、つまりはオウンドメディアで発信する目的を精査することです。そしてその次のフェーズとして〝どの場所〟で発信するのが適切なのかを考えることです。この章では、オウンドメディアの全体像を整理するとともに、目的別の発信場所・手法について私なりの解釈を踏まえた見解をお伝えします。自社の置かれている「現在の発信の状態」と「足りない発信領域」について考えるためのひとつのタタキ台です。

そもそも「オウンドメディア」とは

先述したようにオウンドメディアとは、シンプルに言えば「自社で保有するメディア」のことです。Googleで「オウンドメディア」と調べれば、ほとんどのサイトでそのように紹介されています。ここまでWebメディアを中心にオウンドメディアを紹介してきましたが、上記に則るなら当然ながら紙メディアもオウンドメディアであると言えます。社員だけが閲覧できる「社内報」もオウンドメディアのひとつですし、顧客に配布する「カタログ」もオウンドメディアと呼ぶことができるかもしれません。

今でも多くの読者から支持を得ている資生堂さんの『花椿』は、前身の『資生堂月報』

から数えればおよそ100年続いています（『資生堂月報』は1924年創刊）。その発刊理由をたどれば、『資生堂月報』は「日本の女性に欧米風の生活文化情報を伝えることを目的に」創刊され、1937年に『花椿』に名称変更した際には、「美容・化粧情報を中心に文芸、カルチャー、ファッション、食文化や海外トレンドなどを感度良く取り上げる『時代の最先端を伝える媒体』を目指した」とされています。100年近くも前から、「社会の視座に立った発信」をされていたことに畏敬の念を抱かずにはいられませんが、このように、今でこそ前述したようにSDGs等社会的な流れによって、なかば必要に迫られて立ち上げられたメディアがある中で、既に100年近く前から、「社会的な視座」に立ったメディアというのは存在していたことになります。

北海道の銘菓である「六花亭」が毎月発行している児童詩誌『サイロ』の創刊は1960年。「十勝で生きる子どもたちの詩心を育みたい」と六花亭の創始者である小田豊四郎さんが始めたこの取り組みは、60年以上も継続して地元十勝の児童の詩を集め続けています。実際に手に取り眺めると、地元の子どもたちの息吹のようなものを感じられます。紹介したいくつかのオウンドメディアの目的のひとつは、ソーシャルイシューに端を発した「次世代とのコミュニケーション」という意味合いもあると思いますが、『サイロ』

は60年以上も前からこのコミュニケーションを行っていることになります。また、六花亭は「六花の森」という十勝の自然を活かした広大な施設も運営しています。園内には、花柄包装紙でお馴染みの草花が大切に育てられ、自然の中に溶け込んだアート作品も静かにたたずみます。『サイロ』の表紙絵を集めた記念館もあります。こうした場所も「オウンドメディア」と呼べるのではないでしょうか。文化活動と称した美術館運営や、メーカー直営の体験型のショップや工場見学など、訪れた方が五感をフルに使って感じてもらうという意味では、果たす役割はとても大きいと思われます。その場所のつくり方には「企業として獲得したいイメージ」がふんだんに含まれています。工場見学のガイドさんが着ている制服ひとつとっても、何かしらの意図やメッセージが隠されているものと思われます。

これ以上追いかけると字数が足りなくなってしまうので割愛しますが、現在では、接点を最大化しやすく、比較的低予算で始められるWebメディアが圧倒的に増えています。先ほど、オウンドメディアを「自社で保有するメディア」としていましたが、ここではさらに個人的な解釈を加え、「自社で保有するコントロール可能なメディア」と定義した上で話を進めたいと思います。

「コントロールできる」とはつまり、特定の「目的」に沿って、目的に合った「場所」を選び、その場所にいる読者に合わせてコンテンツ内容を都度「可変」することができるということです。では、オウンドメディアにおける「目的」とはどんなものがあって、どんな「場所」がありえるのでしょうか。これ以降はWebメディアに限って整理していきたいと思います。

目的を整理する

結論から言えば、オウンドメディアを立ち上げる目的は千差万別です。「トヨタイムズ」や「Lifewear magazine」のような、自社のミッションを伝え、企業好意向上やブランディングを目的にしたメディアは、増えてはいるもののむしろ少数と言えます。

自社の企業認知や展開している商品・サービスの認知が低いという課題がある企業であれば、オウンドメディアを「認知を獲得するため」に立ち上げることもあるでしょう。マスをターゲットにした商品を扱っていなかったり、BtoBのサービス展開を行っている企業であれば、ターゲットが限られる分、そのターゲットに効率よくアプローチするために、検索結果の上位表示を狙ってオウンドメディア展開をすることで、「リード獲得」につなげることが可能です。

または、ある程度自社の商品やサービスにファンがいて、そのファンとつながる場をつくるという目的もありえるかもしれません。ユーザーとのコミュニケーションを主体に置いたそのようなサイトでは、ブランドへの帰属意識を高めることで他社サービスへの乗り換えを防ぐことを主目的にすることはもちろん、ファンとのコミュニケーションからユーザーインサイトを把握し、次の商品・サービスの種を見出すことを目的にすることもありそうです。

もしくは、「Q&A」のような意味合いでオウンドメディアを立ち上げることもあると思います。コンプレックス商材であったり、何かしら消費者の「不安」を解決する商品・サービスであれば、ユーザーが抱える「不安」を検索窓で打ち込んだ際に、そこに有益な情報が書き込まれたオウンドメディアを上位表示させることで、ユーザーのメリットになるだけではなく、「解決策」としての自社の商品・サービスへ誘導することも戦略として十分成立します。

はたまた採用を目的にすることも考えられます。そこで働く人にフォーカスを当て、働きがいについて語ったコンテンツを見たユーザーに「その会社で働きたい」と思ってもらうことで、自社への応募者を獲得することもできると思います。実際にベンチャー企業を中心に中で働く人にフォーカスしたオウンドメディアは多くあります。メルカリが運営する「mercan」はまさにそういったことを目指したメディアとして運営されています。

働く人にフォーカスした記事であれば、インナーブランディングにつなげることも目的にできそうです。ふだんの業務の中ではなかなか接点がなくて伝わらない経営者の将来に向けたビジョンや想いなどを伝えることで、そこで働くモチベーションを維持もしくは向上させることを目的にした発信もできると思います。オウンドメディアを通じて伝えることもあれば、最近ではトップ自らが個人としてｎｏｔｅなどのプラットフォームを使って発信を始めるケースも増えてきています。２０２１年にはパナソニックホールディングスの現社長・楠見雄規さんがｎｏｔｅを始めたことも話題になりました。また代官山T-SITEの人気レストラン「IVY PLACE」（私もとてもお世話になっています）や天王洲の人気ビアレストランの「T.Y.HARBOR」など数多くの人気飲食店を手がけるTYSONS&COMPANY社長の寺田心平さんも個人でｎｏｔｅを立ち上げています。これまで手がけた店舗の裏側をこれでもかと惜しみなく開示した熱量たっぷりの文章は出せばたちまち人気記事となっています（個人的に愛用しているお店であることもあって、より一層お店に愛着を持つようになりました）。トップ自らが発話することは、ふだんの仕事では話を聞く機会のない社員にとってはトップの考え・想いを知る良い機会となります。自身の言葉で話しかけるように語られる文章であれば、よくある全社向けの「格式ばった」メッセージとは違った受け取られ方もされそうです。そういった面で見れば少なからずインナーブランディングにも寄与していると思われます。

ほかにも目的はあると思いますが、概ねここで挙げた目的が多いと思います。さらに言えば、メディアによっては複数の目的を掲げることもあるでしょう。企業ブランディングを狙って社長からのメッセージや社員の商品に対する思いを語るコンテンツを出すことで、その企業に親近感が湧き転職希望者が増えることもおおいにあると思います。実際にKIRIN公式noteにおいても、従業員のインタビュー記事を見て採用に応募してきたという話も聞きました。

このようにオウンドメディアにおける目的は複合的で多様ではありますが、共通して大切なことは、目的に応じたメッセージを通じてどんなコミュニケーションを発生させたいかを明確にすることです。コミュニケーションとは、そのコンテンツに触れた人がどんな感情を抱くか、実際にSNS上でどんな発話がされるか、近くにいる人にどんな風にこの記事について伝えられそうか。そのあたりのことです。

場所を理解する

次にメディアの「場所」について見ていきます。先ほどオウンドメディアを「コントロール可能なメディア」と定義しました。発信する内容においてコントロール可能という点で見れば、ＳＮＳのようなプラットフォーム上で「企業公式」として立ち上げたアカウントもオウンドメディアということになります。もちろん、「自社ドメイン」上で商品・サービス・ＩＲ情報等を紹介する、いわゆる「企業情報サイト」もオウンドメディアです。これらを大きく分けるならば、「自社ドメイン」とＳＮＳ等の「プラットフォーム」に分けられると思います。

それぞれの場所の特性について詳細は追って整理しますが、「場所」について前もってひとつ言えることがあるとすれば、闇雲にすべての場所で発信しなければならないというわけではないということです。まず行うべきは、その場所が先述した目的を達成する上で発信する場所として適切かを「選ぶ」ことです。その際に必要なことが、その場所の理解です。場所の理解というのは、端的に言えばその場所に訪れるユーザーの「属性」とその場所を利用する「理由」を知ることです。

「企業情報サイト」であれば、中心となるユーザーはおそらく、その企業の名前もしくは商品名で検索してくるユーザーでしょう。その時の目的は、CMで見た商品のスペックを調べるためかもしれないし、投資を検討している人が直近のIR情報を調べるためかもしれない。また、転職を考えている人が採用情報を探しているかもしれないし、購入した商品について問い合わせるための窓口を探すためかもしれない。そんな風にして、その場所に沿ったユーザー属性と目的を整理していく必要があります。

SNSのようなプラットフォームでは、そこに訪れるユーザーの目的はもっとファジーです。何かしら投稿することを目的にSNSのアプリを立ち上げるユーザーもいれば単に時間潰しで立ち上げているユーザーもいます。また、テキストを中心としたTwitterと写真を中心としたInstagramでは当然ながらそこに訪れるユーザーの「心持ち」が違います。必要なことはそのSNS上の「お作法」や滞在するユーザーのマインドをつぶさに見ながら、先述した「目的」を達成しうるコンテンツを出す余地があるのかを考えることです。また、その際に必要なことは、SNSは基本的に「個人」のための場所であることをわきまえることです。企業はあくまでそこに「お邪魔する」というスタンスでいるべきで、担当者が前提として持つべきマインドだと個人的には思っています。

ひとつSNSが流行ると、とにかく企業アカウントを立ち上げなくては、と焦って立ち上げがちです。もちろん、そういった〝ノリ〟も大事です。実際にやってみないとわからないこともあります。中には特別な文才を持つ「中の人」が担当についたことで多くのフォロワーを獲得し、長く強い絆でつながっているように見える事例もありますし、そもそもその企業が扱っている商材が対象のSNSと相性が良いというケースもあるでしょう。とは言え、本来的にそういったケースは稀な方だと思うべきです。

しかしながら、表面上うまくいっている(フォロワー数やバズっている等)事例をいざ目の当たりにすると「私たちにもできるはずだ!」と、その成功の理由を深掘りせずに、それらアカウントの「雰囲気」だけを真似たアカウントを立ち上げてしまいます。当然ながらそういったことは他の企業も思っているもので、結果として同じようなアカウントが乱立することになります。そして、社内からは「KPI」という数字のニンジンをぶら下げられ、競合アカウントのフォロワー数やエンゲージメントと言われる「反応数」をひたすら追いかけることだけが主目的のアカウントができあがることになります。それだけならまだしも、アカウントを立ち上げるだけ立ち上げて、後はその数字部分を広告会社に任せっきりとなるケースも多いようです。そうなると、そもそもSNSを通じて発信してユーザーとコミュニケーションをするという本来的な目的が置き去りにされ、ただただ課された数字を稼ぐためだけのコンテンツが量産され続けることになります。結果として、社内から「あのメディアはなんのためにあるのだっけ?」という疑問が立ち上がり、費用だけがかかる無用の長物とみなされ、アカウントの規模縮小、もしくは撤退、といったような顛末を招くケースも見受けられます。前章でも出てきた2010年代のオウンドメディアの隆盛・衰退とまったく同じことがSNSにも言えます。

オウンドメディアに「主語」の要素を入れて考える

少し話がとっ散らかってきました。オウンドメディアの目的は千差万別であり、メディアの置き場所も多様に広がりがあることはわかりましたが、このままでは、うまく整理ができているとは言えません。ここでひとつ違う視点からオウンドメディアを眺めてみます。それは先ほどから幾度となく登場してきた「企業主語」「社会主語」というメディアにお

オウンドメディアの４象限

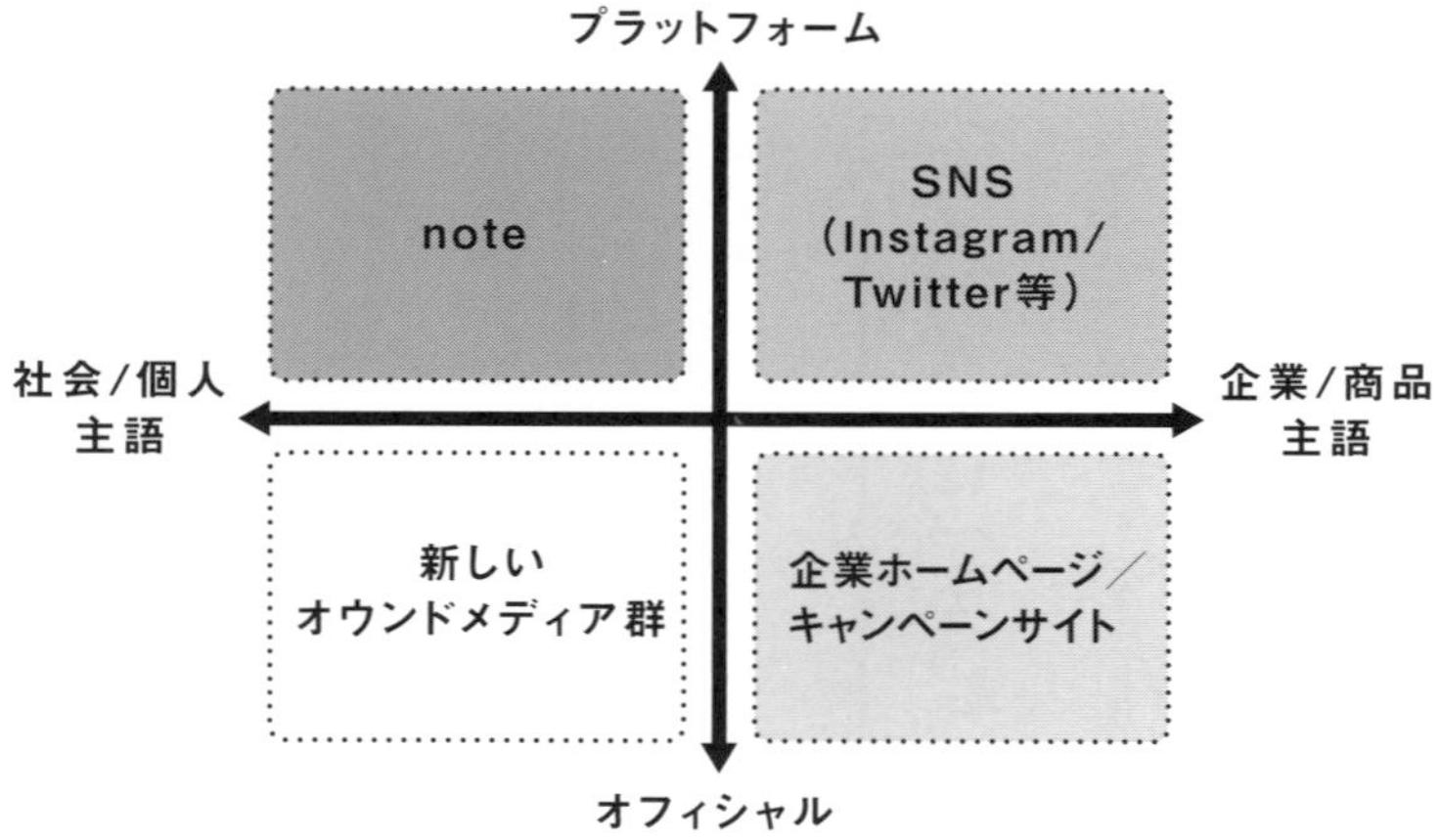

ける「主語」という視点です。

企業の商品・サービス・ＩＲ等の情報が掲載されている、いわゆる「企業サイト」は、当然ながら企業の情報を伝えているので「企業主語」です。商品の楽しみ方をフォトジェニックに伝えるＩｎｓｔａｇｒａｍや、最新の商品情報を伝えるＴｗｉｔｔｅｒも同様に「企業主語」と言えそうです。

では、「トヨタイムズ」や「LifeWear magazine」はどうでしょうか？ 豊田社長による未来の「車」の話や、現在進行中のプロジェクトにおける社員の方のインタビュー、世界中のクリエイターによる「暮らしを通した服との付き合い方」、デザイナーによる女性のための服のデザインができるまでの軌跡などは、そのメディア内に社会的な課題を内包させながら、より良い未来のために企業として、もしくはその企業の中の個人としてどう対峙していくかを伝えています。これらコンテンツは「社会主語」と呼ぶことができそうです。

この「主語」の視点をひとつの軸として、先ほど場所として大別した「自社ドメイン」なのかＳＮＳなどの「プラットフォーム」なのかをもう一方の軸とすると4象限ができあがります。

こうして分けると、左側の「社会・個人主語」は先ほど紹介した「トヨタイムズ」「Lifewear magazine」をはじめとして最近特に増えてきたエリアであることがわかります。左上にある「ｎｏｔｅ」が脚光を浴び、一気に利用者数が増え始めたのも２０１９年前後でした。

それでは、それぞれのエリアごとに、エリアに属するメディアの特性と運用に必要な「視点」について考えていきます。

①企業主語×オフィシャル

ここに入るのは、商品・サービスの概要、会社概要などを含めたいわゆる企業サイト全般です。先ほどの言葉を借りるなら「自社ドメイン」となります。またキャンペーン情報など広告の受け皿となるサイトもこの中に入ります。このエリアは企業情報、商品情報を「不足なく」伝えるメディアと言えます。特定の情報を探しにきているユーザーも多く、いかに情報にたどりつきやすくするかが肝となります。特定の情報というのは、商品名であることは当然として、それ以外にもその商品にまつわる周辺ワードもここに入るでしょう。何かしら知りたい情報があるユーザーに対して「役に立つ」情報を的確に不足なく伝えることで、ユーザーからの信頼を勝ち取ることが大きな目的のひとつと言えます。言ってしまえばこのエリアのメディアは、企業発信の中の「一丁目一番地」です。そのため企業発信のメディア群の中でも徹頭徹尾「守り」に入らざるをえないエリアとも言えます。とはいえ、この守りがしっかりしていないと他の施策がどんなに魅力的でも企業として盤石な状態とは言えないためとても重要なエリアとも言えます。ユーザーがほしい（と思われる）情報をつぶさに冷静に把握し続けることと、ストレスなく情報に行き着くための動線の編集力が必要です。また、このエリアにくるユーザーの多くは「指名層」でもあります。そういった意味では、「不足しない」情報を与えられたら、その先にプラスアルファの情報でさらなる愛着に結びつけられることも可能です。

企業もしくは商品のファン同士のコミュニケーションを主体としたコミュニティサイト

や、商品の補足的な情報、お役立ち情報などを通して商品への信頼を得ようとするメディアもこちらに当てはまります。カゴメさんが運営しているファンサイト「&KAGOME」やライオンさんが運営している「Lidea」などが該当すると思います。

②企業主語×プラットフォーム

フォローを前提としたTwitter、InstagramなどのSNSも「その企業からの情報を待つ＝フォロー」という視点に立つのであれば、企業主語のメディアと言えるでしょう。特にInstagramは基本的にタイムラインはフォローしているアカウントの情報が流れますので、その中で企業をフォローするというのは、何かしらその企業が気になっていて（もしくはファンで）フォローすることがほとんどだと思います。稀に「中の人」の発信内容が好きになってフォローする人もいると思いますが、ほとんどのケースで見れば、その企業からの情報を楽しみにしているはずです。自身のプライベートなタイムラインに企業の情報が入り込むことを許容してまでフォローするということをしっかり踏まえた上で、ユーザーが「自社に何を期待するのか？」を考え、どういったコミュニケーションが理想かを考えることが立ち上げ時に必要なことです。くどいようですが、ここではじめに考えるべきことはバズるネタであったりフォロワー数を増やす施策ではありません。

目の前の「自社に期待している人の期待に応えられること」を考えることと、その先にあるフォロワーとのコミュニケーションが外から見て「楽しそう」と映るようにするにはどうすべきかを考えることです。そのために必要なことは、担当者自身が、まず一個人としてSNSを使い倒すことです。実際にSNSを始めてみれば、いかに企業アカウントをフォローすることが稀なことかわかると思います。私自身企業アカウントでフォローしているのは2〜3アカウント程度です。自身がフォローしたい（ないしはした）企業アカウントはどこに惹かれたのか？　何が理由だったのか？　を考えてみてください。その上で自社でSNSを運用することが本当に必要なのか？　を考える。それが手っ取り早いノウハウの獲得方法です。

③社会主語×オフィシャル

ここは前章でフィーチャーしてきたメディア群が当てはまる比較的新しいエリアです。「トヨタイムズ」「Lifewear Magazine」「メルカリマガジン」もここに入ります。さらには「ジモコロ」「サイボウズ式」「イケウチな人たち。」もこのエリアに入るでしょう。企業主語×オフィシャルと決定的に違う点は、取り扱う情報として「役に立つ」ことを第一義にしていない点です。それぞれのメディアは微妙に方向性が違うため、ここでは一概に目的を決めきれないところですが、共通することと言えば「企業が獲得したいイメージを貯める場所」であることかと思います。このエリアのメディア立ち上げは必須か？と問われればそうではありません。「企業主語×オフィシャルのエリア」の情報や、テレビCMその他広告等を通じて、その獲得したいイメージが不足していないのであれば立ち上げる必要はないでしょう。NIKEやApple、良品計画はこのエリアのメディアは現時点では持っていません。それはつまり、そういった発信をせずとも消費者から獲得したいイメージを広告や商品サービスの世界観で伝えられているからだと思います。なんとなく合点がいきますよね。兎にも角にも「獲得したいイメージ」に不足があるのか？これがこのエリアのメディアを立ち上げるか否かの出発点です。

④社会主語×プラットフォーム

このエリアに新興のプラットフォーム「note」が入ります。noteは「だれもが創作をはじめ、続けられるようにする。」というミッションを掲げたプラットフォームです。サービス開始は2014年。SNSのようなフォロー機能も持ちながら、ファンクラブのように限られた読者とコミュニケーションができるメンバーシップ機能や課金機能（課金した人しか読めない・見れない）もあり、オープンでいながら密度高くコミュニケーションがで

note会員登録者数

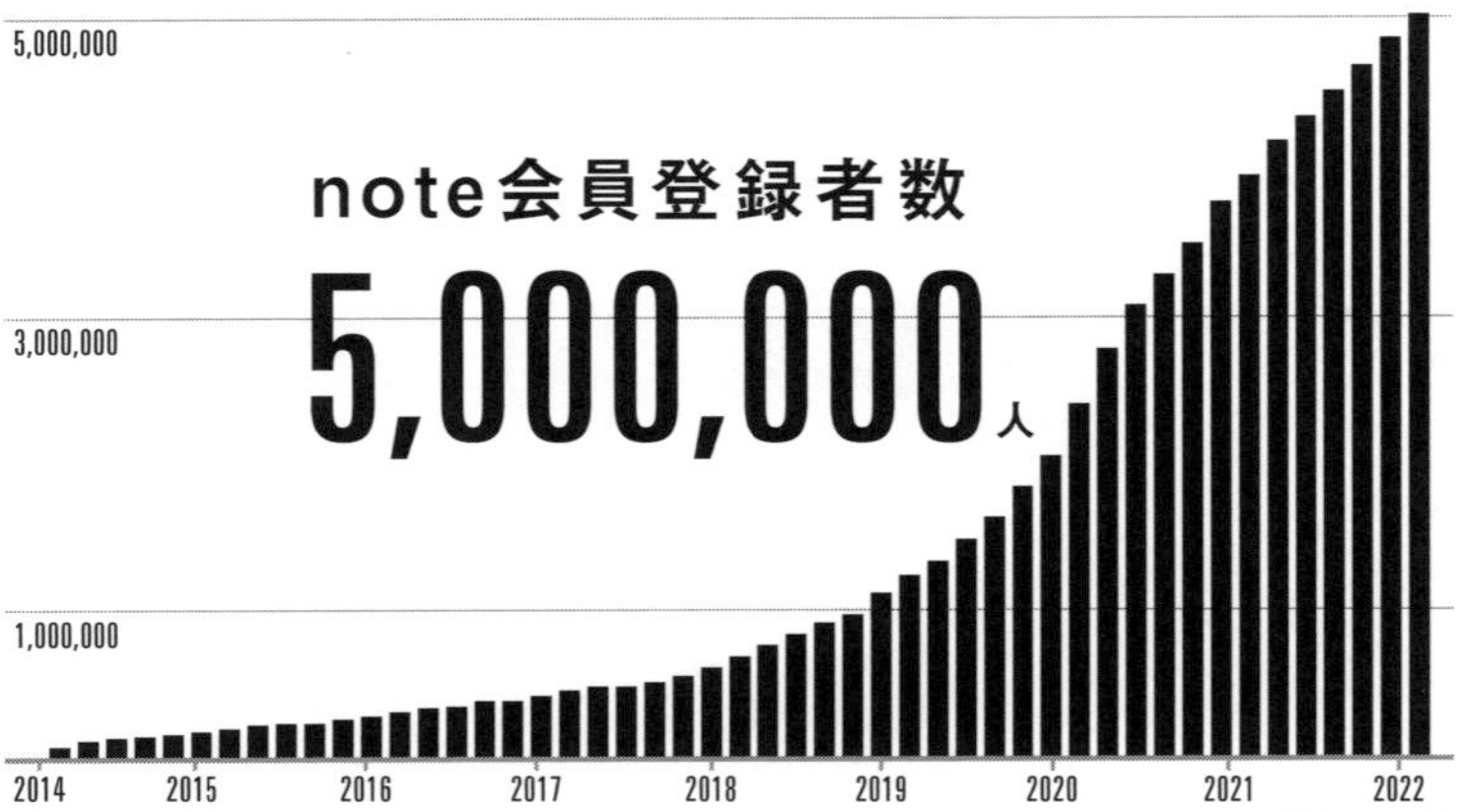

出所：note社

きるところにｎｏｔｅの面白さがあります。サービスローンチから6年目の２０１９年あたりからユーザー数が急増し２０２２年4月には会員数が５００万人を突破し、今もなお伸長し続けているプラットフォームです。法人向けプランの歴史はまだ浅く２０１９年3月からです。以降徐々に企業アカウントは増え続けています。まだ新興プラットフォーム故、詳しくは知らない人もいるかと思います。以降、少しページを割いて紹介します。

ｎｏｔｅの特筆すべき特徴はプラットフォーム自体に「人格がある」という点です。つまり、ｎｏｔｅ独自のコンテンツ収集チームがいて、日々流れてくるコンテンツを見てピックアップしては、多くの読者の目に留まらせる役割を持っているのです。他ＳＮＳのような「アルゴリズム一辺倒」ではなく、「良いコンテンツ」であれば、それまでフォロワーが0人の人・アカウントであったとしても一夜にしてスター街道を歩み始めることができる、そういう点もｎｏｔｅの魅力のひとつかと思います。実際にｎｏｔｅの「目利き」に発見されたことで、その後一躍人気のクリエイターとなり、出版刊行やテレビ出演等にまで活躍の場を広げた方も多くいます。

また、ｎｏｔｅは「人格がある」というプラットフォーム側の視点だけではなく、コンテンツ属性・ユーザー属性でも他ＳＮＳとの違いが見えます。よくＴｗｉｔｔｅｒは「Look at This」、Ｉｎｓｔａｇｒａｍは「Look at Me」と表現されます。「今ココ」の情報を拡散させるＴｗｉｔｔｅｒと、好きなことで人をつなげるＩｎｓｔａｇｒａｍの世界観をうまく表現していると思います。対してｎｏｔｅは「Look at Story」と言えるでしょう。その人特有の「背景」や「想い」にコンテンツを通じてつながるという点を見れば、まさに「個人の物語」を内包したプラットフォームと言えます。

そんなｎｏｔｅですが、よく読まれているコンテンツを眺めていると4つの傾向があることがわかってきました。「Social」「Small」「Personal」「Process」です。

「Social」というのは、「ソーシャルイシュー」のことです。ＳＤＧｓのような国際的な課題や、Ｔwitter上で議論されているような社会課題に対して言及されたコンテンツは、注目を集める傾向があります。

「Small」というのは、「手触り」というニュアンスです。クラフツマンシップ溢れる物づくりや、草の根的な地域の活動や、暮らしにまつわることに触れたコンテンツの方が深い共感を集めている傾向があるように見受けられます。

「Personal」は、「個人的な言葉」を意味しています。個人が発話するnoteなので当たり前と言えばそうなのですが、受け売りの情報ではなく、自身の解釈が含まれた読み物が多くありますし、そういった声を受け入れ応援する気運がnoteにはあります。

そして「Process」は、文字通り「途中経過」です。企業発信となると、どうしても完全なもの、完成されたものをアウトプットすることに重きを置かれます。もちろん、正式なリリースや企業情報サイト上では「間違いのない」はマスト要件ですが、noteのような場であれば、完成へ向けたプロセスを包み隠さずに出す方が読者との距離感が近くなります。結果としてそういった声の方が反響が出やすい傾向にあります。

「Social」「Small」「Personal」「Process」という、noteコンテンツの4つの特徴を見ると、社会的な視座から発信する社員の個人的な言葉は殊更相性が良いことがわかります。これが、私たちがnoteを選んだ理由でもあります。実際にこれまで200本以上の記

noteコンテンツの4つの特徴

Social

未来に向けた紅茶葉の生産のために
『午後の紅茶』が取り組むスリランカ紅茶農園支援

国際的な課題、社会問題

Small

地元の麦芽と食材で新しいビールを。
地域と共に歩むキリンビール福岡工場

クラフツマンシップ、
地域の活動、暮らしにまつわること

Personal

祖父とビール、麒麟と馬
[#今日はキリンラガーを vol.1]

個人的な言葉

Process

キリンの新たな挑戦。
「プラスチックが循環し続ける社会」に向けて

途中経過

「Social」「Small」「Personal」「Process」という、note コンテンツ 4 つの特徴。
KIRIN 公式 note でも、4 つの特徴に沿った企画が掲載されている。

事を配信してきましたが、上記特徴に合った読み物ほど、多くの方に共感いただき、Twitter上で好意的な言葉とともにシェアされている傾向があります。

また、noteは「小さく始める」ことができる点も見逃せません。自前のオウンドメディアをゼロから制作するとなると当然ながら時間も費用もかかります。noteであればその費用がゼロに近いこと（法人向けサービス「note pro」を利用すると月額の利用費が発生します）と、記事さえあればすぐに始められる点にも利点があります。

また、集客面においても利点があります。先の「社会主語×オフィシャル」エリアのメディア群のように、仮に社員の声を丁寧に集め届けるメディアを立ち上げようとしたら、一つひとつ丁寧に取材をかけるため、当然ながら1記事あたりの制作時間もかかりますし、コンテンツ量をある程度揃えるまでに相応の時間がかかることにもなります。そうなるとひとつメディアを立ち上げたとしても、認知してもらうには広告を打ったり、メディアとしての体裁を整えるために初期にコンテンツを量産したりと、本来的な目的以外で費用を投下し接点をつくり上げる必要が出てくることもあります。もちろんそこまでして覚悟を決めてつくり上げられるメディアは、企業発信としてより大きな意味合いを付与できます。メディアが独立しているため、デザインその他の雰囲気でも「世界観」を醸成させることもできます。結果として企業ブランド価値を向上させることに寄与できる可能性は高いです。ただ、なかなかそこまでやりきれる企業は少ないと思います。そうであればコストをコンテンツづくりに集中させ、noteの「ピックアップ文化」と読者の共感によるシェアから徐々に認知を広げていく方が、小さく始める上ではヘルシーなやり方であるとも言えます。

ここでnoteの企業アカウントをいくつか紹介します。

カルビーさんが運営している「THE CALBEE」は、会社の歴史や商品の誕生秘話など、商品や広告では知ることのできない濃くてハートフルな話が載っています。私が子どもの頃に買い漁っていた「プロ野球チップス」の裏話などは、子どもの頃の記憶もあいまって思わず前のめりで読み込んでしまう話でした。この記事はよくTwitterでシェアされていました。それらTwitter上での声を見ていると、私と同じような幼少期を過ごした方が「あの頃夢中になっていた『プロ野球チップス』にそんな背景があったのか」といったように、自身の記憶と重ねながら語られる声が多くありました。そういった声がTwitterで流れ、それを見た別のユーザーが読みにいく、といった好循環が生まれていました。noteで流れるコンテンツはこのようなウォーミーな記事が多く、そういった記事はTwitterとも相性が良く、ひとたびシェアがされると雪だるま式に新しい読者を連れてきてくれます。カルビーさんのnoteは、広報チームが中心となって運営されており、カルビーさんのハートフルな一面を知ることができます。

エスビー食品さんのアカウントもとても特徴的です。コロナ禍に立ち上がったこちらのnoteのコンセプトは「無理せず、いっしょに。」。所信表明となる1本目の記事には「今は無理しなくてもいいと思う。そんな暮らしのヒントになったらいいなと思い、自分たちにできる活動を、noteで始めようと思いました。」と書いてあります。noteの特徴である「ソーシャルイシュー」をしっかり踏まえたメディアですし、企業サイトではそのようなメッセージはなく、noteにおけるエスビー食品さんの人格が見えて、とても親近感が湧きます。そのコンセプト通り、こちらのnoteでは、簡単だけど滋養に満ちたおいしそうなレシピが並びます。そしてもうひとつ特徴的なのは、そのレシピのほとんどは料理家の方が「寄稿」という形を取っている点です。料理家さんの「実直な声」によるレシピ紹介はまるで、「無理せず、いっしょに。」と料理のプロの方から直接伝えてもらっているようで、とても温かく感じられます。料理家さんの多くはnoteアカウントも持っていて、noteの中でも人気のある方が多く出演されています。そういった采配も絶妙で、ひとたび記事が出ると料理家さんからのシェアもあって、多くの方に広がっていく様子が目に入ってきます。

両メディアとも共通しているのは、noteであれば届けやすい情報をnoteに合った文脈で伝えられていることと、コンテンツを通じてどことなく企業としての「人格」を感じられることだと思います。先ほどnoteの特徴として「Social」「Small」「Personal」

「Process」の4つを挙げました。カルビーさんのメディアもエスビー食品さんのメディアも、ともにその4つがコンテンツを通じてしっかりと組み込まれていることがわかります。

すべてを揃える必要はない

「オウンドメディア」を「自社で保有するコントロール可能なメディア」と定義し、さらに「主語」が企業主語か社会主語なのかという点と、「場所」としてプラットフォームなのかオフィシャルなのかの4つの象限に分けてそれぞれのメディアの特性についてお伝えしました。一口に「オウンドメディア」と言っても、実はこれだけの種類があります。コントロール可能な、と敢えて入れたのは、あらゆる発信場所において、それぞれその場所の文脈に合わせて企業情報を編集（改変）した上で発信する必要があるということを強調する意味合いです。ポジティブな言い回しにすれば、「自分たちが目指す方向に沿って発信内容と受け手の印象をつくり上げていく」ということになるかと思います。

もうひとつここで伝えたいのは、先述した通り、この4象限すべてを埋めるためにメディアを立ち上げる必要は、まったくないということです。現時点で発信されている情報を見渡した上で、「何が足りていないのか」「それが充足されたらどんな世界が待っているのか」を考えることがオウンドメディアを立ち上げる際のスタート地点であり拠り所でもあります。世界という言葉が大袈裟であれば「どんな風に自社を語ってもらえるか」でも良いと思います。

流行っているからとりあえずメディアを立ち上げるのではなく、その場所における役割と機能と読者を理解した上で（その上でプラットフォームは個人で使ってみることを強く薦めました）、その場所に合うコンテンツが自社内にあるかを考えることです。

さらに言えば、オウンドメディアの発信をどの部門が担うのかによっても微妙に発信の色合いが変わってくるでしょう。マーケティングを担う部門であれば商品を軸にしたコンテンツ展開になるかもしれませんし、コーポレートブランドや広報を担う部門であればより企業としての活動を軸にするかもしれません。企業発信として足りない部分を精査した上で、組織としてどこが受け持つのかを考えていく必要があります。キリンで言えば、ｎｏｔｅが開設された当初はデジタルマーケティング部がオウンドメディア全般を担っていましたが、２０２０年からコーポレートコミュニケーション部、つまり広報部門が担っています。とは言え、ここまで組織に落としてオウンドメディアの戦略を振り分けている企業はまだ少ないと思います。さらに言えば、オウンドメディア担当者の持つスキルもまだ体系化されていないと思います。最近ではオウンドメディア担当のように「内と外をつなぐ役割」のことを「インハウスエディター」という呼称とともに語られるようにもなりました。直訳すれば「社内編集者」ですが、この比較的新しい「立ち位置」の持つべきスキル、メディア運営において大切な役割については追って6章で詳述することにします。

Owned Media

CHAPTER 3

キリンのオウンドメディアの方針転換

CHAPTER 3 のポイント

●企業SNSの立ち上げに必要な4つのポイント

- SNSは個人が楽しむための場
- SNSのプラットフォームごとの特性を知る
- SNSは企業の「窓口」
- SNSは広告ではない

●企業Webサイトリニューアル時のポイント

- 企業の人格を知ることができる「一丁目一番地のメディア」へ
- コンテンツのストックの場としての公式サイト

オウンドメディア全体の方針転換

実はキリンのオウンドメディア戦略も2019年を契機に方針変更をしています。この章では、方針変更に至った経緯からオウンドメディアの現在地までまとめていくことにします。

現在キリンのオウンドメディア運営は、コーポレートコミュニケーション部、つまりは広報部門内にて、オウンドメディアチームとして、企業情報サイト、公式SNSアカウントなどのメディア戦略策定からコンテンツ企画・発信及び効果測定まで、メディアの運営全般を担っています。メディアは担当制で、キリンビール、キリンビバレッジのTwitter、Instagram担当がそれぞれ1名ずつついていて、note担当、企業情報サイト・メルマガ担当、といったように、主に前章で整理したオウンドメディアの「4象限」に沿って人員が割り振られています。

メディア戦略においては、それぞれのメディア担当が担当するメディアの特性を理解した上でコミュニケーションの方向性を考えます。ただ属人的になるのを防ぐため、共通したフォーマットでメディアの骨子となる項目を共有しています。具体的な内容については次章に譲りますが、主に「メディアの果たす機能」「目指す姿（ビジョン）」「具体的なコンテンツ例」「インナーからのオーダー例」「コンテンツのNGライン」などについてを、ひとつのシートでまとめています。そのシートを見れば、各メディアの方針がすぐにわかるようになっています。とある商品や取り組みについてオウンドメディア全体で取り扱う際にも、このシートがあれば、どんな風に「横連携」ができるのかプラン立てがしやすいことも利点です。このシートは大体年に1回くらいは見直しをかけて、アップデートしています。

このチーム体制になったのは2020年から。それまではデジタルマーケティング部というグループ全体のデジタルマーケティングの支援・ソリューションを主目的とした部門で担当していました。オウンドメディアも、SNSと企業情報サイトは別チームで運営しており、連携はほとんど取れていない状況でした。1章にまとめている通り、2019年を境にしてオウンドメディア事情は大きく変わってきていました。それまでの「役に立つ」ことを主題に置いた企業主語のオウンドメディアから、ソーシャルイシューの解決のための「社会の一員」としての企業のあり方を示す「社会主語」のオウンドメディアが徐々に増えてきた時期です。ちょうどその時期にひっそりと公式noteを立ち上げていることは前章でお伝えしました。それまでのキリンのオウンドメディアの考え方は、SNSアカウントであれば、いかにバズを起こすか、いかにフォロワー数を増やすかといった、目に見える数字のグロースを第一義に置いていました。企業情報サイトの方は当時ファンコミュニティのような会員制のアプリを持っていました。会員獲得のための施策と回遊を高めるための「プッシュ施策」、つまりキャンペーンによるコミュニケーションが主でした。そういった「マッチョな」オウンドメディア運用に対して、現場のメディア担当が違和感を覚え始めてもいました。もちろんSNSのフォロワーやメルマガ会員数のように数字でわかりやすく判断できるものにおいては大切な指標ではありますし、現在もグロースさせることはメディア運営において大きな目的のひとつです。しかしながらグロース〝だけ〟を目的としたメディア戦略はどうしても〝大味〟になっていきます。メディアとしてどんな発信を通じてお客様とコミュニケーションを行っていくべきかの議論が薄れ、数字をあげることだけが目的となってしまい、よくある手段と目的が逆転した状態が続いていました。

そんな状況を変えるために、改めてオウンドメディアの役割はなんだろう？ 企業発信のあるべき姿はどんなものだろう？ ということを膝を突き合わせて数ヶ月間かけて議論を重ねました。結果として「広告・商品だけでは伝えきれない価値を伝える場所」という、当たり前と言えば当たり前の原理原則に立ち戻ることになりました。なりふり構わず「数」を積み上げていくことを手放し、既にキリンに興味関心を抱いている方たちに向けて、誠実にキリンの考えていることをオウンドメディア全体を通じて伝えることで、「だからキリンが好きなんだ」と理由づけができるような、さらにキリンを応援してくれるような、そんなコミュニケーションを目指そうと決意を新たにしました。メディアのグロースについての考え方も「バズ」のような短期的な視点は放棄し、熱量の高いファン（もしくは共感者）とのコミュニケーションから「同心円状」に広がっていくことを理想とすることにしました。この方針変換は、短期的な数値達成より長期的な価値の浸透に重きを置くことを意味するとともに、これまでは数を稼ぐために、いわゆる世の中ごとや流行に合わせたコミュニケーション、つまりは「外側」に置いていた軸足を、コンテンツの在処であるインターナルのコミュニケーション、つまりは「内側」に置き直すということでもあり、ドラスティックな方向転換でした。

この視座に立つと、デジタルマーケティングという領域だけではミスマッチが起きてきます。グループ全体を見渡しキリンとして伝えられる価値を発掘し、メディアごとに合った伝え方に編集していくという方向性はむしろ「広報」的な視座を必要とします。社内の情報の収集と関係構築・情報の掘り下げを行う広報部門と同じチームになることで、インナーコミュニケーションが効率的になるばかりか、アンコントローラブルなアーンドメディアと、コントローラブルなオウンドメディアが同じチームになることで、情報発信においても補強関係にもなりえる期待もあり、2020年にコーポレートコミュニケーション部にオウンドメディアチームがジョインすることになりました。現在の広報部門になってから2年強が経ちますが多くの連携が生まれてきています。こちらについては後の章で詳述します。

方針転換に合わせて、公式SNSも企業情報サイトもリニューアルをはかることになりました。それぞれのメディアリニューアルに際して、担当者は何を考えていたのか、どんな世界を目指したのか。KIRIN公式noteには、そのドキュメントがしっかりと残っています。私が書き記すよりも担当者の言葉の方が説得力があると思いますので、ここではそれぞれの担当による、メディアリニューアルに対する奮闘記を差し込みながらキリンのオウンドメディアの考え方を掘り下げていきます。

「これ、いいよ！」と誰かに薦めたくなる情報を届けたい。キリンビール公式SNSのこれからの発信

プロフィール

山﨑真理子

2016年よりキリンビールのFacebook、Instagram、Twitter公式アカウントを担当。新商品やキャンペーン告知に留まらないSNS発信やコミュニケーションを目指す。

こんにちは。キリンビール公式SNSを担当している山﨑です。

気づけば本格的にキリンビールのFacebook、Twitter、Instagramを担当するようになり、4年目になろうとしています。

お客様のSNSの楽しみ方、向き合い方が日々変わる中で、企業アカウントとしてどうあるべきか？　4年経った今も常に悩みながら運用をしています。

私が担当をはじめた2016年頃。企業公式アカウントの運用担当者は「中の人」と呼ばれるようになり、担当者はその個性をいかんなく発揮し、時にはその企業と関係のない個人的な趣味や食事の話を面白おかしくツイートするなど、まるで友達のようなツイートを重ねることでお客様からの共感を得て、企業とお客様の距離を縮めるための工夫をしながらコミュニケーションを行っていました。

また、一方で公式SNSの社内評価は「広告塔として、どれだけのRTやいいねがついたか」という、いわゆる〝バズったのか〟という点ばかりでした。おそらく、今もほとんどの企業公式アカウントの社内評価はRT数やいいね数ではないでしょうか。目まぐるしく流れるタイムラインの中で、企業アカウントの投稿にRTやいいねをしてもらえるよう、トレンドワードやモーメントに合わせた投稿を作成したり、クリエイターさんとコラボしたコンテンツなど、さまざまなアプローチをしてきました(特にエイプリルフールは悩みの種でした…)。

企業の公式アカウントがSNSというお客様の場所にお邪魔するのですから、その中で突然ビールやチューハイの広告をドーンと出すのは、ともすればお客様にとっては「うるさいな」と思われてしまうのでは？　という不安が常にありました。

なので当時は、お客様が企業の出す情報に少しでも興味を持ってくれるよう、人間味溢れる情報発信やトレンドやモーメントに合わせた投稿が企業公式アカウントとお客様をつなぐ橋になると私も考えていました。

そんな中、ある商品開発担当と話すことがありました。パッケージの中に込められたこだわり、お客様へ伝えたいメッセージ、満足いく味覚づくりにどんな工夫や手間をかけてきたか。一生懸命に、そして楽しそうに話す開発担当の顔を見て、私はキリンビールのお酒が大好きなファンのみなさんに対して、誠実に情報をお届けできているのだろうか？　と改めて考えるようになりました。

私たちが取り扱う多くの商品は大量消費・大量生産のマスプロダクト。全国のコンビニやスーパーや料飲店で並ぶ私たちの商品はどうしても機械的で無機質に映りがちです。でも、本当はどの商品も、「お客様によろこんでいただけるように」「安心して、おいしいと言ってもらえるように」とたくさんの社員が思いを込めて、お客様の食卓まで届けているものです。

ただ、15秒のCMや中吊り広告などのポスター1枚では、このことを十分に伝えることができません。そうなのであれば、TwitterやInstagram、そして今読んでくださっているnoteのような企業公式のSNSこそ、丁寧に、そして素直に、商品に込めた造り手のこだわりや想いを伝えることができるのではないか、そう思い至りました。

ファンの方がよりキリンの商品を好きになったり、自信をもって友人知人に「これ、いいよ！」と紹介できるような場にしていきたい、私たちはSNSという場をそんな風に再定義することにしました。（中略）とはいえ、まだスタートしたばかりの取り組みです。特に、キャンペーンのツイートが多く入るTwitterでは、どんなカタチでの発信がいいのか、試行錯誤の真っただ中にいます。それでも、少しずつ嬉しい声が集まってきています。そして、その声はたしかに私たちに届き、力になっています。

これからのキリンビールのＳＮＳは、「この間飲んだコレ、おいしかったよ!」「こんな料理と合うんだって」と、友達や家族のちいさな話題の種にしてもらえるような、「乾杯のある暮らし」が楽しみになるコンテンツを今まで以上に、丁寧に、素直にお届けしていきます。

キリンビール公式ＳＮＳを引き続きお楽しみください。

（2020年3月31日／ＫＩＲＩＮ公式ｎｏｔｅ掲載）

ＳＮＳを立ち上げるまでに必要なこと

ここからはもう少し踏み込んで、公式ＳＮＳアカウントを運営する際にはじめに押さえておくべき流れを具体的にまとめていきます。とは言え、当然ながら取り扱う商材が異なればＳＮＳ上のアプローチは変わります。さらには環境変化の激しいＳＮＳを見ると、今日最適解だと思ったものが明日には崩れることすら十分ありえます。企業の数だけ正解があり、その正解は日々刻々と変化していく、それがSNS運用の世界です。なのでここで具体的にまとめていく流れは、どちらかというと、SNSを立ち上げる際の「地固め」として押さえておくべきことだと見ていただければと思います。なお、ここではSNSの運用としてまとめていますが、考え方、決めるべき内容はほとんどオウンドメディア全体にも当てはまることです。「SNS」を「オウンドメディア」に変換して読み進めても違和感はないかと思います。

そもそもそのSNSアカウントは必要なのか

まず企業としてSNSの公式アカウントを立ち上げる前に押さえておくべき点が4つあります。1点目は、本来的にSNSは個人が楽しむための場であるということ。2点目は、SNSのプラットフォームごとの特性を知ること。3点目は、SNSは企業の窓口であるということ。4点目は、SNSは広告ではないということです。その上で、本当にそのSNSアカウントは立ち上げることが必要なのか？　を考えるステップを踏むことが必要です。この整理そのものが、SNS運用における北極星になり、運用を見直す際の拠り所にもなるからです。それぞれ説明します。

①SNSは個人が楽しむための場

SNSは個人の方が「楽しむ場」であるという前提に立った上で、企業がアカウントを立ち上げる意味を整理する必要があります。フォローしてもらう理由はどこにあるのか、自分たちの発信を通じてお客様にどんな気持ちになってほしいのか、その発信を見たお客様に〝どんな言葉〟でシェアしてほしいのか、まずはこの3点について整理することです。〝どんな言葉〟でシェアしてほしいか？　を考えることは、その言葉そのものがアカウントをフォローし続ける理由になるからであり、そのシェアから新しいお客様を連れてきてくれるからです。この一連のフローを踏むことが、企業アカウントがSNS上で〝馴染む〟ためのスタート地点に立つことになります。

②SNSのプラットフォームごとの特性を知る

SNSによって楽しみ方は異なります。前章で説明しましたが、Twitterは「Look at This」、Instagramは「Look at Me」、noteは「Look at Story」とされています。そのSNSがどういう「場」なのかを肌感覚として持ち、その感覚を言語化できるくらいまで整理した上で①の「前提」と合わせて、そのSNSを利用するかも含めて取捨選択・

優先順位を決めることが大切です。「流行っているから」「多くリーチできそうだから」といった理由だけでプラットフォームを選択したり優先順位を考えるのではなく、自社の商材はどのプラットフォームに合うかを考えてみてください。

③SNSは企業の「窓口」である

企業名のアカウントを立ち上げる以上、お客様にとっては企業の「窓口」として映ります。そして社内から見れば「企業の声が集まる場所」として認識されます。そういった意味ではSNS担当者は社内の声を収集する役割も担います。社内にある光る資産を見つける大事な役割です。インターナルから情報が集まるチーム設計も大事な点です。このチーム設計ができるかできないかが、SNS運用が「つづく」メディアとなりうる重要な分水嶺です。先述したように、キリンがデジタルマーケティングの部門から広報の部門に移動した理由もここにあります。

④SNSは広告ではない

プラットフォームとの相性が把握でき、自社の資産を集めるチーム設計ができたなら、次は提供できる価値を考えます。その際の考えるひとつのヒントは「広告では伝えきれない価値」。広告はより多くの人にダイレクトに簡潔に魅力を伝えられる価値があります。反面、SNSは企業をわざわざフォローして追いかけてくれる方を対象にしたコミュニケーションです。その対比を意識して①も加味しながら提供できる価値を定めていきます。

何のためにSNSアカウントが存在し、どんな価値を提供するのか。これはお客様との約束事でもあります。はじめに立てた「旗」はしっかりと組織内で共通認識になるよう言語化しておくことをおすすめします。

SNSにおける効果設定は「場合による」と捉える

2019年4月に「これからの乾杯を考える」場としてキリンビール公式noteを立ち上げたことは前章で伝えた通りです。noteがTwitter、Instagramと違う点は、「個人の物語」を内包した長文コンテンツが中心であることです。そのためnoteでは直接的なリアクションである「スキ」(ハートマーク)やPVを稼ぐことよりも、コアな読者から「同心円状」に推奨して広げてもらうことを理想としています。つまりどれだけTwitterで「発話されたか」を効果指標の中心に据えています。

このように、本体的にはSNSのプラットフォームやコンテンツの目的によって求められる効果は変わるため、「リツイート」「いいね」「フォロワー数」など「数字を伸長する」ことだけを効果指標にするのは、メディアによって相性が悪いこともあります。もっと言えば、そこを追いかけるばかりにメディア自体を棄損することもあります。たとえばアカウントの認知獲得・フォロワー獲得のためにキャンペーンを行うこともあると思います。しかしながらその即効性に惹かれてキャンペーンばかり続けていけば、自ずとそのアカウントはキャンペーン目的のフォロワーだけを抱えてしまうことにもつながります。結果として本来コミュニケーションをしたいお客様がつかないばかりか、一度フォロワーをKPIにしたことで、その数字を伸長（もしくは維持）するために費用がかかり続ける構造に行き着くことになります。何度も同じようなことを言っているように見受けられるかもしれませんが、それは本当にいとも簡単に陥るからなんですね。よく流れてくる「バズの法則」やら「運用ノウハウ」はとてもわかりやすく成功事例として魅力的に見せられるもので、どうしてもそういう手法に寄りかかってしまいます。わかりやすさ故、現場以上にマネージメント側が押し付けてくることも多いです。ベースとしての「振る舞い方」と「目指す姿」を共通認識にすることで、場当たり的な対処療法からは距離を置くことができます。またこの対症療法には炎上のリスクもあります。数字（バズ）を追い求めすぎるがあまりに、お客様のことを軽視した発話がきっかけとなって炎上を引き起こしたケースは少なくありません。

では何を指標にすべきか。実はとてもシンプルです。SNSにおける効果指標とは「お客様と良好な関係を維持できている状態」を可視化できる数値にすることです。もっと言えば、そういう状態はどんな状態なのか、さらにはメディアの規模に応じて（規模拡大に応じて）その状態は変わっていくのかを、アカウント開設時に想定しておくことです。

企業アカウントに「キャラクター」は必要か

これは本当によくある質問ですが、身も蓋もないことを言えば企業や商材によります。キャラが立っていて、ユニークな投稿や親近感を抱く投稿で多くのフォロワーを獲得しているアカウントは見ていて楽しく、SNSアカウントのひとつの理想像に映ります。しかしながら扱う商品によってはそのスタイルが合わないこともあるので注意が必要です。

たとえば既にコアなファンがついている商材を持つ企業が「SNSっぽいキャラクター」を出したところでコアなファンは喜ぶでしょうか？ 自社の商材（ブランド）とお客様との関係性を精査した上でキャラクターを決めることです。この点からもSNS担当者にとってインナーコミュニケーションは重要だと言えます。とは言え素直に発信しようとすると「かたく」なりがちです。そこを埋めるのがトンマナ（トーン・アンド・マナー）であり、クリエイティブです。自社の商材の特徴をしっかりと把握し、どんな語り口が心地良いのか？　社内のチームはもちろん、ご協力いただく社外のクリエイターさんとも共有しながら進めることです。

またその際に決めておきたいのが「NGライン」。発信内容はもちろん、言葉遣いから感嘆符・絵文字の付け方まで、どういった発信がNGなのかを精緻にしておくことで、アカウントの世界観を守ることができます。

投稿スケジュール・頻度はどう決めるか

投稿頻度も悩みの種としてよく挙げられる項目です。結論としては、個人の方の楽しみ方に倣うことです。投稿頻度が高いTwitterであれば投稿数を増やし、投稿頻度が少ないInstagramは本数を絞りクリエイティビティを上げる方に注力しても良いと思います。いずれにせよプラットフォームの傾向とクリエイティブの工数を勘案しながら考えることが大切です。また投稿する時間帯も重要な視点です。たとえば私たちが扱うお酒であれば、極力お酒を飲む時間帯に近いところで投稿をすることで、そうでない時間帯の投稿と比較していい反応が得られました（当然と言えば当然ですね）。そのあたりについてもPDCAを回しながら検証していくようにするとお客様の理解にもつながります。

お客様とどんな関係を築いていくか

キリンのTwitterアカウントでは、お客様から感想がリプライされれば積極的に「ありがとう」を伝え、お困りごとが投稿されれば当社の「お客様相談室」と連携し解決案の提示などを行っています。真摯な対応を行うことで、お客様からお客様へ好感の連鎖が生まれることもあります。こうした温かいやりとりが可視化されるのもSNSの良い側面です。

またKIRIN公式noteでは、キリンについて触れているnoteを見つけたら、お客様の声として「ご紹介いただきありがとうございます」というマガジン内に格納しています。マガジンに格納したことは、そのnoteを書いた人にも通知が飛ぶ仕組みになっていて、「ご紹介いただきありがとうございます」とキリンからの「挨拶」が届く仕組みです。こうした施策もお客様とどんな関係性を築いていきたいかの意思表示となります。SNS上でお客様と関係を築く上で一番重要なのは、お客様との心地いい「距離感」をつかむことです。その距離感は、一朝一夕でつかめるものではありません。大事なのはお客様にとって「何が喜びなのか」を想像することであり、そのためにはSNS担当者が常にSNSに触れ続け、考え続けることだと思います。

SNS担当者としての普段の振る舞い

「SNSに触れ続け、考え続ける」とは、随分曖昧な言い回しになりました。とは言えどの〝程度〟触れればいいか悩ましいところです。SNSの潮流を押さえることは当たり前のルーティンではありますが、反面「見すぎない」ことも同じくらい大事だと思っています。フィルターバブルという言葉にあるように、SNSのタイムラインを偏りなく見ているつもりでも、それはひとつの「トライブ」であることも十分考えられるわけです。さらにもうひとつ付け加えるなら、反響の良い投稿を見てしまうと、どうしてもそういった投稿をお手本として「倣ってしまう」きらいもあります。なので、テレビ番組や動画配信サービスの人気作品をチェックしたり、本屋に並ぶ雑誌の特集やベストセラーの小説を読んでみたり、新しくできた商業施設などには足を運ぶなどして、SNS以外から、それがどんな理由で「受けて入れられているのか」を考えることも良い刺激になります。そして、そういう〝刺激〟は、同じチームでゆるく共有する場を設けることです。雑談のような会話でまったくもって構いません。案外そういったところからヒントが生まれてくるものです。

また、そういったコミュニケーションは社内だけではなく、企画・クリエイティブを担当している外部パートナーさんとも積極的に行うことをおすすめします。ＳＮＳアカウントは広告ではなく、継続的にコミュニケーションを行う場です。また先述している通り、移り変わりが早いメディアでもあります。そういった面で見ると外部パートナーさんとの距離感は近い方が良く、ふだんから気になっていることを気安く言い合える関係性を構築することが思いのほか大事です。それはパートナー企業さんからはつくりづらい空気感なので、担当者自らがつくり上げる必要があります。そういった「共通認識」はコミュニケーションコストを下げ、クオリティを一段上げることができます。私が担当しているｎｏｔｅでは、時に原稿や写真を担当するライターさん、カメラマンさんから今後目指していることなどをヒアリングすることもあります。クリエイターさんにとって我々と一緒に仕事をすることで少しでもキャリアのプラスになることをともに考えることも大切だと個人的には思っています。今はクリエイターさん自身がＳＮＳでファンを抱えています。クリエイターさんにまずは自社のファンになってもらうことで「同心円状」の広がりを生むことができます。

優れたコンテンツとはどんなもの？

「優れたコンテンツ」とは、そのメディアに持たせる役割によって変わってきますので、一概に決めることは避けた方がいいでしょう。仮により多くの認知を取ることをＳＮＳ運用の最上位の目的にしているのであれば、本書ではネガティブなニュアンスで捉えている「バズるコンテンツ」は優れたコンテンツと言えます。

ただ、ひとつ言えるのは、ＳＮＳ上であれ、Ｗｅｂメディアであれ、インターネット上に公開されたものは、そのコンテンツを起点にしてコミュニケーションが発生しえます。それはリツイートやいいね！であることもあれば、コメントをもらうことでもあるかもしれないし、ＳＮＳ上で自ら発話していただくこともそうです。メディア運営に必要な視点は、コンテンツを考えることと同じかそれ以上に、そのコンテンツを起点にどんなコミュニケーションが発生しうるかをデザインすることです。次章でこのあたりについては事例を用いてお伝えしますが、要は「優れたコンテンツ」とは、発信内容そのものではなく、そういった連続性のあるコミュニケーション全体のことです。そういった視点でメディアの方向性とコンテンツ内容を常にブラッシュアップしていくことが、担当の役割であり、より健全なＳＮＳ運営の手立てになると思っています。

企業情報サイトの方針転換

企業情報サイトもSNSアカウントと同様に大幅な刷新を2021年に行いました。その裏側についても担当者自身の声を借りることにします。

企業Webサイトに「人格」を。サイトリニューアルの裏側と今後の展望

プロフィール――児島由布子――グループの商品やサービス等の情報を扱う「商品・サービス情報Webサイト」の運用を担当。

企業のWebサイトは何のためにある？

最近いつ企業のWebサイトを訪問しましたか。「企業のWebサイト」と聞いて、どのようなイメージを思い浮かべますか。

私たちのように日常で接点の多いメーカーであれば、商品の品質情報を確認したり、好きなタレントさんのCMを見るために検索して訪問する方もいらっしゃるでしょう。投資家の方や就活中の方であれば、直近の業績や理念・歴史に触れようと訪問することもあるでしょうし、私と同じようなWeb業務担当の方は、他社研究で意識的に企業のWebサイトをご覧になる方もいらっしゃるかと思います。

ただほとんどの方は、SNSのタイムラインに偶然流れてきた情報が気になって見に行く、目に留まったニュースメディアなどからリンクで辿るということが多く、あらかじめ目的をもって検索窓に言葉を打ち込み企業サイトを訪問することは意外と少ないのではないでしょうか。

様々な理由で訪れる企業のWebサイト。今回のリニューアルプロジェクトでは「なんのために企業のWebサイトはあるのか?」を明確にすることからスタートしました。

サイトリニューアル前夜。課題と役割の再定義

キリングループではさまざまなWebサイトを運用していますが、今回のリニューアル対象は「商品・サービス情報Webサイト」と「企業情報Webサイト」、つまり

「B to C」と「B to B」のWebサイトです。

双方ともにこれまでも存在していましたが、前回のリニューアルから既に約8年が経過しWebサイトの見せ方として古くなってきていました。更にはこの8年で私たちのビジネスもアップデートされたので、それに合わせる形でWebサイトの構造を抜本的に変更する必要があり、2019年にWebサイトリニューアルの構想が立ち上がりました。

2020年1月にプロジェクトを発足させ、Webサイトの役割の再定義を行うことからスタートしました。

・そもそもどのような方が閲覧されているのか
・求めている情報はどのようなものか
・今のWebサイトで足りないものは何か

まずはこちらの3点について整理を行い、Webサイトでの「ありたい姿」を設定することに。「商品・サービス情報Webサイト」では、「お客様の体験価値を向上できる」「もっとキリンのことを好きになってもらえるようなサイト」でありたいと定義しました。

Webサイトを一丁目一番地のメディアに。コロナ禍で見えた役割

一方、ほとんど同じタイミングで新型コロナウイルス感染症が拡大し、お客様を取り巻く環境が大きく変化していくのを肌で感じました。また、コロナ禍以前より兆しのあったSDGsやグローバルな問題への関心が、ここにきて加速度的に高まってきている空気感もあり、「企業発信」を担う立場としてできることは何だろうかと、改めて考えざるをえない状況でした。Webサイトを含めて、「オウンドメディアでお客様とどのように接していきたいか」「オウンドメディアはどのような存在でありたいか」何度も議論を重ねました。

議論を重ねるほどに、企業のWebサイトこそがキリンとお客様の「最初で最大の接点」であり、キリンの顔になるべきではないか、という想いが強くなっていきました。

度重なるチーム内議論の末、Webサイトは、ただ単に商品やサービスを紹介するだけでなく、その企業らしさや人格・メッセージ・姿勢を最も示すことができる「一丁目一番地のメディア」でありたいし、そうあるべきだと結論づけました。

同時に、お客様の関心が高まっている社会課題について、グループ全体での取り組みをお客様にしっかりと伝えられる・共感いただけるような内容や見せ方についても、リニューアルの検討課題のひとつになりました。

「人格」と「ストック」をメディアのコアに

こうして生まれたものが、「noteやSNSコンテンツのストック機能の新設」です。キリンのnoteやSNSコンテンツは、商品に込められた想いを語ったインタビュー記事や、商品をつかったアレンジレシピの記事など、読み応えのあるコンテンツが多くあります。一方でSNSはメディアの特性上、時間が経つとどうしても流れていってしまいます。このためSNSコンテンツをWebサイトにストックし、何時でも見られる設計にアップデートしました。私たちはこのようにSNSから転載しWebサイトにストックした記事を「ストーリー記事」と呼んでいます。

企業のWebサイトは企業のオフィシャルな情報を、タイムリーに、過不足なく、分かりやすく示す必要がありますが、一方でどこかあたたかみや面白みに欠ける傾向があります。そのような意味で、現在noteやSNSで投稿している「人格」をもったあたたかさや、見ていて気分が上がるビジュアルをWebサイトに盛り込むことで、サイトに血を通わせようとしたわけです。

「ストーリー記事」を作って良かったことがもうひとつあります。SNSコンテンツをWebサイトにストックし、何時でも見られる設計にアップデートしたことで、Googleの検索結果でも上位に表示されるようになりました。

例えば、2020年12月にキリンビバレッジの公式Instagramで投稿したプラズマ乳酸菌に関するコンテンツを転載したところ、「プラズマ乳酸菌　とは」で検索すると5番目以内にヒットする強力なコンテンツとなりました（2021年11月時点）。

リニューアル時に施した6つの工夫

こちらの「ストーリー記事」以外にもさまざまな工夫を取り入れています。具体的な施策をご紹介します。

❶グループスローガンをトップ面に

トップページに「よろこびがつなぐ世界へ」というグループスローガンを冠したコーナーを新設しました。このコーナーでは商品・サービス、活動を通じた「想い」を紹介しています。

以前のトップページでは、新商品や新着情報など「最新の情報」を掲載することを最優先にしていました。リニューアル後も新着コンテンツを紹介することは変わりませんが、このコーナーのコンテンツを通じて「キリンの人格」のようなものをお届けできればと思っています。

❷「健康」カテゴリを充実

「健康食品」カテゴリーページをアップデートし、CSV領域の重要な要素のひとつである「健康」、今後育成していく「ヘルスサイエンス領域」に関する商品や活動をWebページでも組み込むと同時に、2019年に資本業務提携したファンケルの商品も含めて、各社の代表的な商品を一覧で掲載するページを設計しました。

❸「酒類」コンテンツの出し分け

酒類情報をディレクトリで分断し、20歳以上であることが確認できた方にのみ、酒類に関連する情報が掲載されたページに切り替わる仕組みを採用しました。

実はトップページにこの仕組みを導入するのは国内酒類業界では初めて。「キリン＝ビールの会社」というイメージを抱かれる方も多い中で、企業の姿勢を打ち出しための思い切った判断でした。法定飲酒可能年齢に満たない方には酒類に関する情報を提供しないという世界的な潮流もあり、酒類を取り扱うメーカーの責任として一歩踏み込んだ対応を実施することにしました。

❹商品検索メニューの刷新

商品検索メニューは、画面を見やすく・検索しやすくアップデートしました。また、商品・品質情報では、再生ペット樹脂を100%使用した「100%リサイクルペットボトル」や「熱中症対策飲料」といったように、健康や環境に紐づく商品にラベルを付与し、社会的課題に関する情報が前面に出るような工夫を取り入れました。

❺体験コンテンツのリニューアル

工場見学は、キリンのものづくりをお客様に「体験」していただけるコンテンツです。コロナ禍において工場見学はオンライン化やツアーリニューアル等を進めており、その方針に合うようにコンセプト設計やページ構成等を刷新しました。あわせて「キリンビールサロン」「キリンビールセミナー」など、工場見学同様キリンの「体験コンテンツ」も一緒にデザインしました。

❻モバイルファーストUIの徹底

見やすさ・使いやすさの観点で、モバイルファーストを意識しつつ、WebサイトのトーンÅマナーの調整や見やすさ、UI等を検討しました。中には、社内外で数か月にわたり議論を重ねたアイコンや色使いもあります。スマートフォンでは移動しやすいナビゲーションも採用しました。

企業Webサイトのこれから

お陰様でリニューアル後は社内外よりポジティブな声をいただいています。リニューアル前後で比較すると、ページ全体で滞在時間やセッション数が増加しており、お客様がじっくり読んでくださっていることがうかがえます。

今後より良いものにしていくために、今後特に注力したいのは「ストーリー記事」の取り組みです。キリンのオウンドメディア、特にnoteやInstagram等のSNSは、商品開発担当だけでなく、営業・人事・生産など、あらゆる従業員の声を伝える場となっています。各メディアはそれぞれの場所で更新を重ねていますが、Webサイトではこれらを「特定のテーマ」にまとめて紹介することができます。ひとつのトピックスに関して複層的に紹介するというのは、一丁目一番地のメディアならではの贅沢な見せ方です。

また、noteやSNSのコンテンツを適切に整理しWebサイトにストックすることで、サイトに来てくれたお客様に、公開後時間が経過したコンテンツでもシームレスに楽しんでいただき、新たな発見や楽しみにつなげていくことも可能です。「ストーリー記事」はWebサイトの可能性を拡げてくれます。よりお楽しみいただけるWebサイトにするために、「ストーリー記事」の取り組みを継続しながら、より拡張していきたいと思っています。

私たちの商品がお客様のお手元に届くまでに、多くの従業員が誠実に真剣に自分の仕事に向き合っています。今回のWebサイトリニューアルを通じて、様々なコンテンツと向き合う中で改めてそのことを感じました。

想いを持つ従業員の生きた声をもっと伝えていくことで、お客様とより温かい関係を築くことができるのではないか。そんな確信に近い可能性を感じていますし、まさにこれこそがWebサイトのミッションであると思っています。

これからも、Webメディアをはじめとするキリンのオウンドメディア展開にぜひご期待ください。

（2021年10月にKIRIN公式noteで公開した記事を一部加筆・修正）

ヘルシーなメディア運営

ここまでSNSと企業Webサイトのリニューアルに焦点を当て、キリンのオウンドメディアの変換点と現在地について整理してきました。シンプルにまとめるのであれば、これまで「外側」のみに軸足を置いていたメディア戦略を「内側」に向けるようにした、ということになるかと思います。キリンの社内の「素材」に光を当てるところを全オウンドメディアの戦略の起点にしたことで、出し先のメディアでコンテンツの性質、見せ方が違ったとしてもそこには連動性が出てくることになります。その連動性が、企業Webサイト上でnoteやInstagramのコンテンツを転載することに繋がり、結果としてPV増や、ユーザーへの情報の密度のアップから好意形成にまで寄与する道筋ができることになりました。

ひとつの事例として、2021年にTwitterで行ったキリンレモンの「#キリンレモン生誕祭」があります。「キリンレモン」が発売されてから93回目の誕生日に、キリンビバレッジの公式Twitterからは、『#キリンレモン生誕祭』というハッシュタグを付けて、みなさんのキリンレモンにまつわる思い出を教えてください」というシンプルな呼びかけを実施。この投稿はまたたく間に拡散し、1時間半で国内トレンド3位にまでのぼりつめました。ユーザーから次々と投稿される「キリンレモン」との思い出話を中心に、総リツイート数約1・3万件と「#キリンレモン生誕祭」は大いに盛り上がりました。この一連のハッシュタグ付きの投稿のリーチは2、000万を超えています。この投稿はキャンペーンという体裁はとったものの、賞品は「キリンレモンブランドの商品を6本」のみであり、この投稿に対して広告はかけていませんでした。なぜこれほどまでに集まったのか。それは、キリンレモンという商品の特性をSNS担当者がしっかりとインナーからキャッチアップし、SNS上のフォロワーさんの声を見続けていたからです。93年間ブランドとして守ってきた「品質」と想いをブランド担当からしっかりと聞き、SNS上で流れてくるコアなファンによる愛着を肌で感じていた担当者だからこそ、ブランドとしてひとつ年を重ねる日を紹介することだけでもファンからは「祝福」されるであろうという予測を立てることができ、「思い出を分け合いましょう」という呼びかけにも好意的に反応されるであろうという、たしかなプランの筋道をつくることができました。その結果、あれだけの温かい反応を獲得することができたのだと思います。何よりこのキャンペーンにかかった費用は賞品代だけです。キャンペーンの内容だけ見ればありふれたものに映るかもしれません。しかしながら、そこに行き着くまでには、今申し上げたような多くのインプットと対話があるんですね。そしてそれらはすべて「内側」に軸足があるからこそできたことでもあります。「内側」に目を凝らし、耳を傾けたからこそ出てきたアイデアです。

このように、世の中のメディアの潮流をキャッチアップしながら、軸足はしっかりと「内側」に置くメディア運営は何よりとてもヘルシーです。無理にバズるためのネタを拵えたり闇雲に数字のためだけにキャンペーンを打って「会員数」を増やせば、そこで一瞬お客様は獲得できたとしても、その後も同じように「味付けの濃い」コンテンツでつながり続けなくてはいけなくなります。濃い味は喉が渇くものですから、その後も同じように濃い味でつながり続けなくてはいけなくなり、どんどん「大味」になっていく。結局キリンも味が濃いものをやり続けていわば病気のような状態になり、根本から治療するためにメディアの方針を変えることになりました。現在はまだリハビリのような状態かもしれませんが、徐々に先述したキリンレモンのような事例が出始めています。

幾分美談めいた語り口になってしまいました。再三申し上げているように、これはあくまで、「キリンの現在地」であり、ここでお伝えしたことをなぞることが、すべての企業のオウンドメディアとして「正しい」ということでは決してありません。ただ、オウンドメディアは「企業の発信拠点」でもあるわけで、そこは、企業が存続する以上ずっと続く場所であるという前提に立つべきだとは思っています。そういった意味では「ヘルシー」な運用を心がけるということは唯一共通するオウンドメディアにおける目指す姿と言えるかもしれません。

次章からは、ヘルシーな運用のために、KIRIN公式noteを事例にとりながらメディアづくり、コンテンツづくりにおいて押さえておくべきポイントを整理していきます。「押さえておくべきポイント」と書くとあたかもノウハウ集のように映りますが、実際には私があくせくしながら運営しているKIRIN公式noteが、どんなことを考えて運営しているかについて順を追って整理していくことになると思います。

Owned

CHAPTER 4

つづくメディアづくり

Media

CHAPTER 4 のポイント

●運用するオウンドメディアの「理想の状態」を明確化する

キリンの場合：「〝社会〟と〝社内〟双方から求められ続けるメディア」

●各オウンドメディアについて共有する「メディア早見表」をつくる

早見表の8要素：「機能」「ビジョン」「読者」「戦略の核」「活用シーン」「コンテンツ企画」「評価（KPI）」「NG」

●企画時に必要なのは「①企業主語」「②読者視点」「③世界観」の3視点

この3つが重なる部分を企画では狙う

●コンテンツのポイント

- 取材対象者にとっての「代名詞」となる記事・コンテンツに
- コンテンツへの共感者を発信側へ巻き込み「共感の輪」を広げる
- プロジェクトのプロセスをオープンにすることによる「共感の可視化」
- 一緒にコンテンツをつくるクリエイターとの密なコミュニケーション

ここからは、より具体的にオウンドメディアを立ち上げるまでに踏むべきステップとコンテンツをつくっていく上で考えるべきことと、効果解析について整理していきます。KIRIN公式noteで行っていることや企画ができるまでのステップから効果測定に至るまで、具体的な事例を交えながら紹介していきます。

ステップ0 前提条件

これまでも伝えてきた通り、オウンドメディアを立ち上げたら当然ながら「つづける」ことを前提に置くべきだと思っています。なのでまずはそのメディアで発信する必要性があるのか？　を突き詰めて考えることです。とはいえ、どうやってその必要性を見出すのか判断のつかないところかと思います。ただ考え方はシンプルで、その必要性は「インナー」と「アウター」双方に存在するということです。

KIRIN公式noteを立ち上げた時のきっかけは、転職してきた私から見て、表に出てこない従業員の話が面白く、これを外に出さないのは「もったいない」という感触からでした。また、対話を繰り返していくと、そういった話を外にもっと伝えたいと思っているブランドや、CSVのような一見かたい内容を取り扱う部門からも伝え方の模索をしているという話も聞いていました。インナーにしっかりとコンテンツの熱源があり、つづけられるだけのネタがあることは立ち上げる第一の理由になります。

アウターという視点で見れば、2019年当時は、前述している通り、世の中的に「社会主語」のオウンドメディアが増えてきた頃でもあり、SNS上でも、ソーシャルイシューに対する議論が湧き起こっていました。企業に対する視線も変わってきていることや、小中学校でもSDGsなどの教育がされていることも把握できていました。翻ってキリンはビジョンとして「CSV先進企業になる」ことを明確に明示しています。実際にCSVの取り組みは多く行っており、今後のことを考えれば、現在行っている取り組みを打ち出すことは「理にかなっている」ということがわかってきます。

このようにインナーとアウターにおけるオウンドメディアを立ち上げる「理由」があることと、インナーとアウターの課題解決ができる可能性を感じられてはじめてオウンドメディア立ち上げのスタート地点に立つことができます。

また、前章でSNSと企業Webサイトの担当者による宣誓にも似たリニューアルの背景を語った記事を紹介しましたが、担当自身がオウンドメディア、もしくはメディア運営に興味関心が強く熱量を持っていることが、当たり前のように見えますが大切な観点です。移り変わりの早いSNS、Webメディアでは、その微妙な空気感を感じることが必要で、その世界にどっぷりと浸かるほどに興味を持ち、担当者自身も楽しんでいることはもはや前提条件とも言えます。組織で運営するとなると、どうしても属人的になってしまうことは避けがちですが、多少強引であっても面白いものをキャッチアップしトライできる熱量のある人が担当につく方がうまくいくケースが多いようにも思います。ただ担当者自身が「ドリブラー」になり、ひとりよがりなメディア運営になっては元も子もないので、組織としては適切で「ポジティブ」なフィードバックの機会を設けることです。都度アクションに対して言語化し共有するところまでをしっかりとスキームにできると、組織全体にノウハウがたまり、組織にチャレンジ精神が根付いていくことも期待できます。

また、同様に社内の声に聞き耳を立て、ピュアに面白がれるマインドも必要です。その上で自身の担当するメディアのユーザーがどんなリアクションをするかをドライに判断できる冷静さも必要です。オウンドメディアの担当の役割は、乱暴に言ってしまえば、「社内の情報」を「面白い」とされるコンテンツにスタイリングしていくことです。社内の情報を「まとめて記事にする」ということだけで見れば、それは対外的に出す公式な情報と変わりません。その情報の中から光るものを見つけ適切な見せ方にスタイリングするにはスキル以上に熱量（コミュニケーション量とインプット量）がものを言います。なので組織として用意しなくてはいけないのは、インナーコミュニケーションの体制構築です。キリンが「内側」に軸足を移すために、社内の情報が入ってくる広報部門に入ったことで、格段にコミュニケーション量が増え、メディアの存在価値が高まっていったことをお伝えしましたが、インナーから情報を常に吸い上げ対話の機会を設けられる体制づくりはオウンドメディアを運営する上ではとても大切です。

ステップ1

理想の状態と具体的な目標

これまで「長期的な視座で運営すべき」「バズは狙わない」などと、数字から逃げているような態度のように見えたかもしれません。当然ながら費用をかけてメディア運営を行うのですから、具体的な数値目標は必要です。実際にＫＩＲＩＮ公式ｎｏｔｅも公式ＳＮＳアカウントも具体的な数値目標は持っています。ただ、その数値目標を置く前に必要なのはメディアとしての「理想の状態」を共通認識にしておくことです。このベースとなる考

コンテンツの評価について

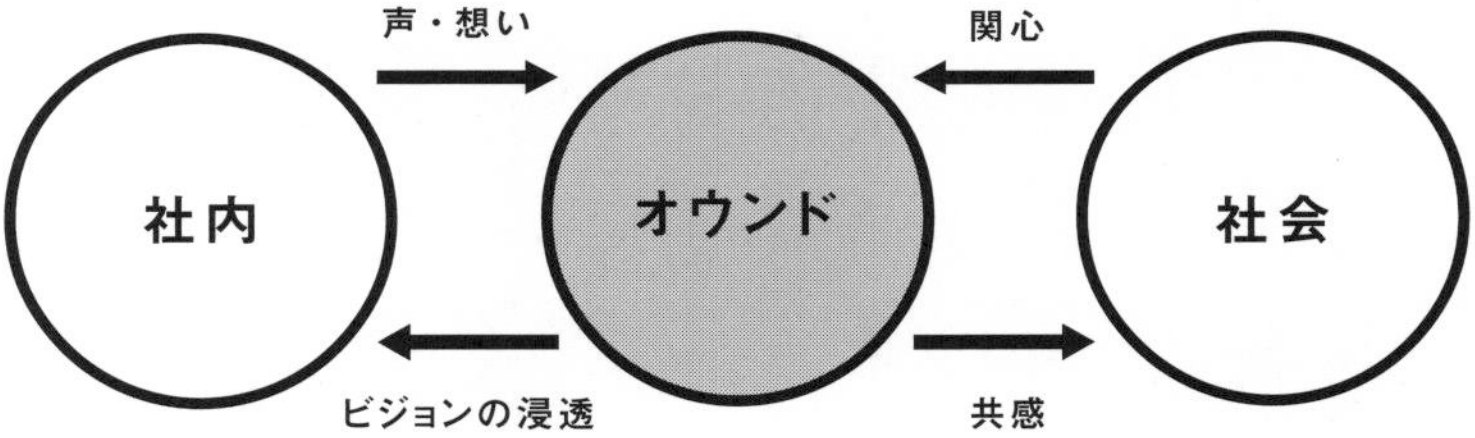

社内・社会両方に求められている状態

えを置くことで、闇雲に数字〝だけ〟を追求する（暴走する）メディア運営からは距離を置くことができます。

あくまでキリンの例ですが、オウンドメディアの理想の状態を、とてもシンプルではありますが、上記の図のように定めました。「社会」「社内」という2つの視点を置いています。私たちが運営しているようなオウンドメディアは、そこで直接マネタイズを行いません。またコンテンツの「素材」はインナーにあり、熱量を拾い上げることがメディアづくりの「ステップ0」です。なので「社会」だけに矢印を向けることは役割としても目的としても違いますし、もっと有り体に言えば「社会と社内双方から求められ続けるメディア」が理想の状態だと思っています。

社内の視点で見れば、社内から常に「取り上げてほしい」という声がかかること、そしてコンテンツを通じて、社員に会社の目指す考え方が浸透していくことが理想の状態です。社会の視点で見れば、キリンに共感してもらうこと、メディアの出すコンテンツに期待してもらう状態を理想としています。

理想の状態は企業ごとに異なると思いますが、1点だけマストにすべきことは「ひとつの方向」だけに指標を置かないことです。仮に記事のPVを伸ばすことだけを理想の状態と置いてしまうと、社内からの要望に応えることがおざなりになってしまう可能性があります。「あちらを立てればこちらが立たず」の状態にならずに、複数の指標をバランスよく追いかける状態をつくることが大切です。


理想の状態を押さえた上で、その理想の状態に近づくための具体的な目標値を設定していきます。KIRIN公式noteで言えば、Twitterと相性が良いので、キリンの記事を見た方が、共感して推奨してもらうこと、つまりTwitter上における発話と発話から生まれるリーチに具体的な目標数値を置いています。前章でコンテンツの理想として「同心円状に広がる」という言葉を使って説明しましたが、Twitter上のシェアはまさに同心円状の広がりと言えます。同様にインナーから新規の問い合わせが何件あるか、といった点も主要なＫＰＩとして置いています。

インナーから「取り上げてほしい」と思われるには、ある程度メディアの規模が必要なこともあります。既に大きなプラットフォームであるＩｎｓｔａｇｒａｍやＴｗｉｔｔｅｒ、ＬＩＮＥで見れば、先の理想の状態に行き着く前にある程度フォロワー数を担保することも当然ながら必要になってきます。競合や近しい業種のアカウントの状況もすぐにわかりますので、どうしても目標の指標はわかりやすい方に向かいがちです。優先順位は企業ごとに変わってくると思いますが、あくまで「理想の状態」をベースに置いて具体的な目標を追うことがヘルシーなオウンドメディア運営につながります。

ステップ2

メディア早見表をつくる

メディアを運営する必要性が見えてきて、続けられる体制が組め、目指す状態を精緻にできてきたら、それをもう少し詳細の項目に分けて言語化し、いつでも共有できる状態をつくります。「メディア早見表」と私は呼んでますが、各オウンドメディアのビジョンや具体的なコンテンツ等の共通した項目を埋め、一覧化できるようにしています。この表をつくる意味合いは、単に社内外へのメディア説明がしやすくするためでもありますが、言語化しておくことでメディア運営で迷った際の拠り所にもなるからです。さらには、先述している通り、どうしても属人的になってしまうオウンドメディア担当において、この表を共有することで常に第三者がチェックすることができ、属人の悪しき面である「ひとりよがり」を避けることができます。

私たちのチームでは具体的に8つの項目で「メディア早見表」を作成しています。その項目は、機能・ビジョン・読者・戦略の核・活用シーン・コンテンツ企画・評価（KPI）・NGラインで構成されています。オウンドメディアの全メディアを一覧で把握するため、エクセルで項目を縦の「列」に並べ、横の「行」に各メディアの「約束ごと」が並んでいる格好です。これは定期的に更新・修正を行いながらチームの共通認識としています。あくまで私たちのルールなのですべての企業に当てはまるとは思いません。もっとシンプルにすることもできますし、もっと精緻にすることもできると思います。私たちも何度か項目の見直しを行い、現時点では、この8つに落ち着いている、ということです。ひとつずつ見ていきます。

・**機能**：そのメディアが企業発信としてどんな「機能」を保持しているかを表します。役割と表現しても良いと思います。この項目はオウンドメディアの独特な観点かもしれません。オウンドメディアはあくまで企業の発信装置です。そうであれば企業発信の視点から見て、それぞれのメディアがどんな役割を果たしているのかをしっかりと言語化しておくことが必要です。とかく組織内ではSNSに詳しくない方もいらっしゃいます。そのメディアがどんな役割をしているかが一言で明示されていると、説明時にも役立ちます。コンテンツを考える際にもこの項目があるとコンテンツ内容がブレずに済みます。KIRIN公式noteは「キリングループの『従業員の声』を丁寧に伝え共感者を育成する『メディア×コミュニティ』として機能すること」としています。「従業員の声を丁寧に伝える」という点から、インタビュー主体で比較的長文で伝えるメディアであることがわかります。「共感者を育成」「コミュニティ」という点から、このnoteが共感者とコミュニケーションが活発に行われるような場であることが想像できると思います。事実、noteでは長文のインタビュー記事を主体として、読者の方が考えるきっかけになるようなテーマを拵えた企画を主軸に置いています。

・ビジョン：目指す姿、ありたい姿をシンプルに記しています。この箇所は［ステップ0］で既に言語化されている内容になるかと思います。「目指す姿」となるとイメージしづらければ、「読者との約束」と捉えると良いと思います。メディア・コンテンツを通じて、読者にどんな価値を提供していきたいのか、どんな気持ちになってほしいのかを明文化することです。KIRIN公式noteは、「商品への想いやプロセスが伝わるとともに、読者が心地良い暮らし（well-being）を知り、誰かに薦めたくなるメディアとなっていること」としています。「プロセス」としていることから、リリース・広告等のような「決まった」表現ではなく、そこにかかわる人の「これまで・今・これから」を語ってもらうことを意図しています。「心地良い暮らしを知る」というのはキリンが提供したい価値とリンクしています。キリンの商品・取り組みだけでは伝えきれない場合は、noteならではの切り口でコンテンツ化することで、その「心地良い暮らし」を志向するキリンというイメージを獲得することを目論んでいます。「誰かに薦めたくなる」というのはSNS上でのシェアを示唆しています。「同心円状」に広がるメディアを目指すことをここで示しています。

このように、メディアのコンテンツ内容からKPI、読者から得たい感触の3点を盛り込んでおくことが必要です。

・**読者**：想定される読者像です。ターゲットと言い換えることもできます。そのメディア（プラットフォーム）を想起した上で、どんな読者とコミュニケーションをしたいかです。ターゲットとなるとデモグラフィック（年齢・性別・年収他）で設定しがちですが、ここは読者が興味があるであろうことを、なるべく「n＝1」を想定しながら記すことが重要です。ユーザーインタビューやアンケート調査などを行うこともその手法のひとつですが、プラットフォーム上のメディアであれば、具体的な個人アカウントを参考にしながら、そのユーザーのふだんの発信内容や興味関心を仔細に見て、ペルソナを具体化していくことです。またここは可変しがちな項目でもあります。特にプラットフォームは変わりやすい場所です。一度決めたペルソナにこだわらず（とはいえ、コロコロ変えるのは避けるべきですが）、都度見直しをかけることを許容していくことです。KIRIN公式noteでは「ソーシャルイシュー関心層、オルタナティブ・エシカル消費、マーケティング関心層、インターナル」としています。ざっくり感はありますが、「早見表」では他のメディアとの読者の違いがわかれば良いです。実際にメディアを運用するフェーズでは、より具体的なペルソナを言語化しておくことです。

・**戦略の核**：このあたりから具体的なコンテンツ内容に入ってきます。どんなコンテンツを展開していくのか、どんなコミュニケーションをしていくのかについてまとめていきます。KIRIN公式noteではコンテンツの内容を「①従業員自らの言葉で企業ビジョンを伝える　②伝えきれていない活動やブランドの価値の今をやわらかく伝える　③共感者を得て、リファラルで広がるゆるやかなコミュニティをつくる」としています。ここでは主語（誰が語るメディアか）、コンテンツ内容の芯、読者の読後感（アクション）を入れることがポイント。この項目がそのメディアの行動指針でもありますので、とても悩む箇所ですが、しっかりと言語化することが大切です。

・**活用シーン**：この項目もオウンドメディアならではかもしれません。インナーからどんな要望が出てくるかを記載する箇所です。再三お伝えしている通り、オウンドメディアのひとつの価値はインナーから「そのメディアで取り上げてほしい」と声がかかる状態です。そういった意味でも、そのメディアがどのようにインナーから声がかかるかを想定しておくことは必要なことです。KIRIN公式noteでは、「これまで発信できていないCSVの取り組みを伝えたい」「開発の裏側を伝えたい」「採用・営業の補助として活用したい」という風に設定しています。いわゆる広告的な利用ではなく、関心を示す読者数は少ないかもしれないけれど、上記読者に刺さるかもしれない取り組み（それでいてキリンが企業として伝えたい取り組み）を伝える最適な場所として認知・活用されることを狙っています。採用・営業の補助というのは、メディア開設当時はなかった項目です。これまで発信してきた結果として、実際営業ツールとして活用されたり、直接的ではなくとも採用に影響していたり、といったことがあり、メディアの目指す姿とも合致すると判断し途中から追加しています。

・**コンテンツ企画：**主要なコンテンツ事例です。インナーコミュニケーションとして、そのメディアがどんな「機能（役割）」があり、どの「活用シーン」に利用できて、実際にどんな「コンテンツ企画」として発信されるのか、を想起しやすくする上で入れている項目です。ＫＩＲＩＮ公式ｎｏｔｅでは「商品開発ストーリー」「社内外から商品愛を語る」「プロジェクトの活動報告」としています。

・**評価（ＫＰＩ）：**先述している「理想の状態」を維持しうる上で考えられる、実際的に追いかける「項目」です。具体的なＫＰＩは複数設定しながら運営することになると思いますが、この早見表では、「社内」「社会」双方の視点においてそれぞれ一番大切とされる項目を入れることにしています。ＫＩＲＩＮ公式ｎｏｔｅで言えば、「社会」の視点では、「リファラル＝Twitterリーチ」としています。コミュニティ的な要素、リファラルで拡散していくことを目指しているため、この内容となっています。一方「社内」は「新規で取り上げる部署・取り組み数」といった具合に、どれだけ社内からオーダーを獲得できたかを指標としています。

・NG：メディアとしてやらないと決めていることを記載します。この項目はビジョンと並んで非常に重要な観点です。何をやるかと同じかそれ以上に、メディアを維持していく上では「何をやらないか」も大切です。インナーとの距離が縮まりコミュニケーション量が増えれば必然的に起こるのが「魔法の杖」化です。つまり、「そのメディアに出せばなんか良い感じになるんでしょう?」というオーダーが増えてくるということです。そういった声はとてもありがたいことではありますが、メディアのコンセプトや戦略が度外視されたオーダーをされると、時にメディアの価値を棄損することもありますし、読者からの失望を買うこともありえます。SNSの場合、一度フォローを外されるとそこから改めてフォローしてもらうのはとても難易度が高いです。とはいえ「なぜダメか」を明確に示しておかないとインナーで無用なトラブルが起きることもありますし、そこのコミュニケーションコストは案外バカになりません。なのであらかじめNGラインははっきりしておくことが必要です。KIRIN公式noteは「販促を含むキャンペーン情報」「人の顔が見えないコンテンツ」「マス広告と同じメッセージ」としています。読者像、ビジョンとリンクしている内容にすることが必要です。

KIRIN公式noteの項目と合わせて紹介しましたが、書きながら「この項目はもう見直すべきだな」と思う箇所もありました。この表を書いたのは1年以上前でしたが、1年経てば、メディア側の空気感の変化や実際の読者の反応の変化が出てきます。メディア担当はその変化を感じることと「可変である」ことを前提に置いたメディア運用を心がけることです。

ステップ3

コンテンツの方向性は2方向ある

前述している「メディア早見表」の「戦略の核」「コンテンツ企画」が埋まってくれば、後は具体的なコンテンツを考えていけば良いだけなのですが、少しだけ寄り道してみます。上記のようにメディアの方向性を固めていくのは必要なのですが、ちょっと「かたい」と思いませんでしたか？「社会と社内」双方から求められることが理想像と言っておきながら、多分にインナーにどっぷりと浸かっているようにも思えます。それはそれで大事なことなのですが、ともすればメディアがかたくなりすぎてしまい、運営自体もそのかたさに絡め取られ息切れしてしまうこともあるように思います（あくまで私が見てきた中では、の話ですが）。

これまで再三オウンドメディアはインナーの声を吸い上げるべきと言ってきましたが、それだけでメディアに人が集まれば良いですが、やはりそこには限界があるようにも思えます。

すべての社内のネタがメディア上で反響が出るか、と言えばそれはノーなんですね。やはりどうしても読者がとっつきづらいものはある。それは仕方ないものの、そういったコンテンツばかりだと「かたく」なるばかりか、担当も消耗していくことが往々にしてあります。そこで私が提唱したいのは、オウンドメディアには「課題曲」と「自由曲」があるという考え方を取り入れることです。課題曲、自由曲というのは、学生の頃の合唱コンクールで全クラスが共通で歌う課題曲と、そのクラスそれぞれで選んだ自由曲のことです。わかりづらければフィギュアスケートの「ショート」と「フリー」でも良いかと思います。課題曲は全クラスが共通して歌うもの。なので基本に忠実にミスなく歌うことを求められます。要はマイナス点をつくらないということですね。対して自由曲は、そのクラスの〝色〟を出す演目。そこはマイナス評価ではなく、プラスを積み上げる演目です。つまり、インナーからのオーダーに対して、インナーの満足度とメディアとしてビジョン・コンセプトに沿った内容に仕立てることを優先するコンテンツを「課題曲」と見ることができます。反面、そのメディアがそのメディアたらしめる独自性を出せるような、インナーの要望から離れて企画するコンテンツを「自由曲」と見立てるのです。

まだわかりづらいですね。マガジンハウスのロングセラー雑誌である『BRUTUS』で長きにわたり編集長を務められた西田善太さんが、企画は3種類に分けられるとおっしゃっているのを見たことがあります。その3種類とは、ひとつは「売るためのBRUTUS」。これは「猫特集」のようにヒットする確信があるもの。2つ目は「広告を取るためのBRUTUS」。そして最後は「色を出すためのBRUTUS」、ということでした。厳密には、この3つにきれいに分類されるわけではなく、グラデーションのように重なっているとのことですが、個人的にはこの考え方はオウンドメディア運営の考え方に敷衍すると思っています。メディアでマネタイズを行わないオウンドメディアであれば、「売る」というのはないわけですが、これは要は「多くの人に受けそう」な切り口のことかと思います。インナーからのオーダーに対して、自身が担当しているメディアの読者像を鑑みた上でよりよく読まれる切り口をつくっていくことです。とは言え、前述している通り、オウンドメディアの場合、すべてがそうなれるわけではありません。そこで出てくるのが「広告をとるため」というスタンス。実際に広告をとるわけではないオウンドメディアでは、「インナーの期待に応える」という風に捉えることができるでしょう。数字は出ないかもしれませんが、まずはインナーが求めるコンテンツに揃えるというのはここに当たります（これはこれで後々効果が出てきますが、それは追って詳述します）。まさに「課題曲」ですね。そして最後の「色を出す」が先述したところの「自由曲」に当たります。「色を出す」というのもなかなか解釈が分かれそうですが、ことオウンドメディアで言えば、企業として獲得したいイメージを担保することを主目的とした企画とでも言えるかと思います。

KIRIN公式noteのビジョンは「心地よい暮らし（well-being）」を感じてもらうこととしていますが、これはつまり、キリングループが掲げるミッション「キリングループは、自然と人を見つめるものづくりで、『食と健康』の新たなよろこびを広げ、こころ豊かな社会の実現に貢献します」をnoteというメディア上で翻訳したものです。商品やサービスの話だけではなかなかグループ全体のミッションにまで浸透させることができません。

ただnoteはソーシャルイシューに興味がある読者が多くいらっしゃいます。そうであれば、キリンが目指す姿である「食と健康の新たなよろこび」とは何なのか、「こころ豊かな社会」とは何なのかを考える企画を「自由曲」のコンテンツとすることで、読者の興味関心に近づくばかりか、キリンが社会課題に向き合っている会社であると認知してもらうことにもつなげることができます。つまり、「キリンっぽいコンテンツ＝キリンが獲得したいイメージ＝キリンのミッション」という流れをつくり上げることができるわけです。「自由曲」は読者と近づけるコンテンツでもあり、メディア担当者にとっては、ここが一番腕が鳴る仕事であるとも言えるでしょう。

ステップ4

企画時に必要なのは3つの掛け合わせ

オウンドメディアの理想的な状態は、「社会と社内双方から求められ続けられる」状態ということを伝えました。その上でインナーコミュニケーションが特に大事であることと、とはいえインナーの期待に応えるだけではメディアは「かたく」なるため、コンテンツには課題曲と自由曲の双方が必要であることもお伝えしました。ここまで整理ができたら、そろそろコンテンツの企画を考えていきます。オウンドメディアにおいて、企画をする上で持つべき視点が3つあります。

①企業主語
②読者視点
③世界観

シンプルに言えば、左頁のベン図の重なるところをオウンドメディアの企画では狙っていくということです。オウンドメディアやPRの文脈で、ノウハウ等を学ぶと出てくるのが①と②の掛け合わせかと思います。①の企業主語というのは、企業もしくはブランドが伝えたいと思っていること（もしくは獲得したいイメージ）です。②の読者視点というのは、そのまま読者が知りたいことです。順を追って見てみます。

①は、KIRIN公式noteで言えば、従業員の思いや造り手のこだわり、CSV活動の現在地、といったところになるでしょうか。ここは社内で事前インタビューをするようなイメージです。そういった声を聞く時に大切な態度は「転校生」的な視座で純粋に「面

コンテンツづくりの「型」

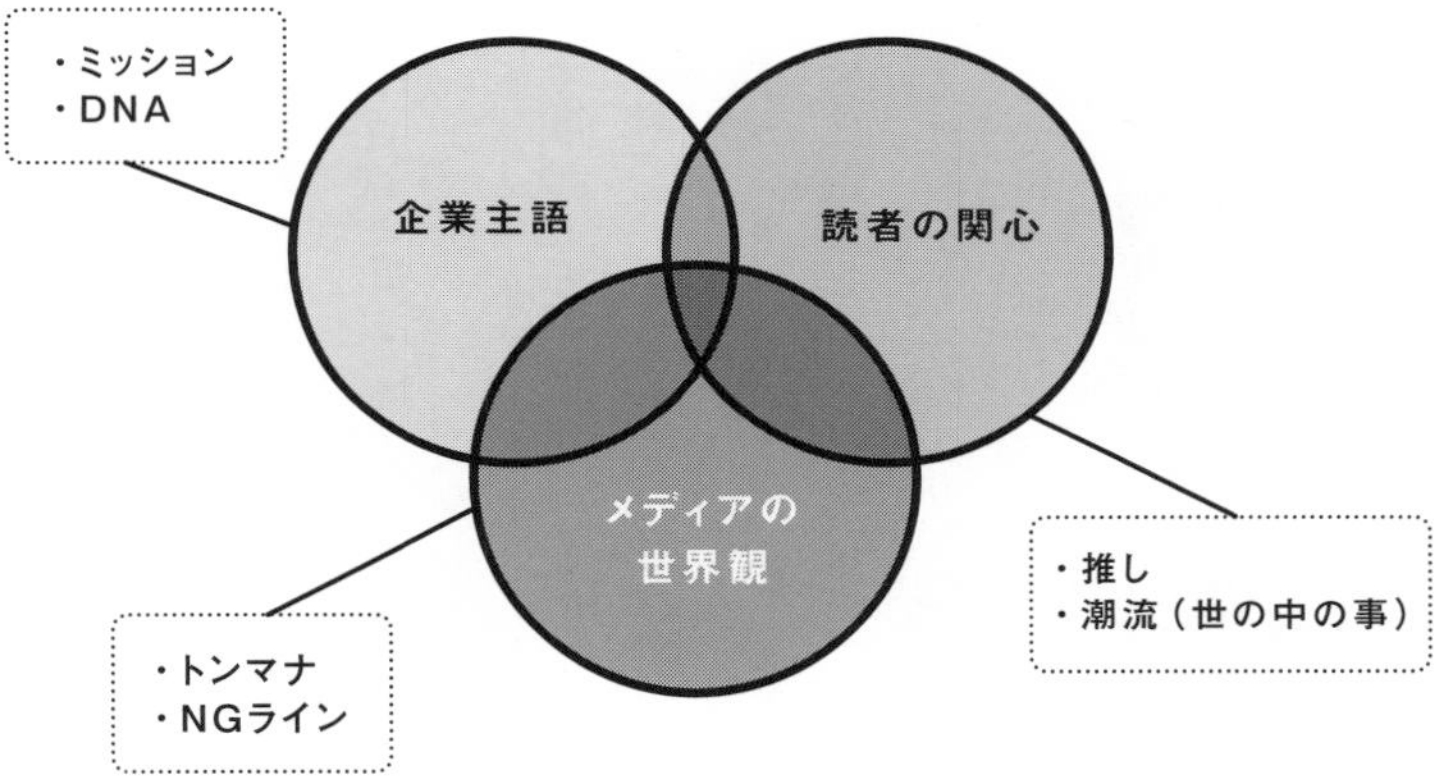

白がる」ことです。2章で私がキリンに転職して、造り手の想いに触れて感動し、そこから「もったいない」という衝動のままnoteを開設したとお伝えしましたが、そういった視点で聞き取ることが必要です。

とかく、同じ組織内に自身のやっていることを話す際には、必要以上にロジカルに正確に語ろうとしてしまいます。そうした〝かたさ〟を取り除くことが大切です。反面、「魔法の杖」のようにざっくりとオーダーされることもあります。その際は根気よくヒアリングすることです。実際にあったことですが、オーダーされた時の会話では、noteでコンテンツ化する意図や狙いが感じ取れないことがありました。そこで私がとった最終的な手段は、私宛に手紙を書いてもらうことでした。つまり「なぜやりたいか」を自身の想いとして、しっかりと言葉にしてもらうことにしたんです。3日後に届いた文章はインタビューで話された内容よりも1歩も2歩もその方の本心に近づいたような文面で、ようやくそこで「何を伝えるべきか」が見えました。ここまでやる必要はないですが、ここでは「型通り」の受け答えからいかに距離を取れるかが大切です。

そこまで聞けたら、次に考えるのが②の読者視点です。企業・ブランドが伝えたいことが見えてきたら、その上で、自身が担当するメディアにおいて読者が知りたいことは何か？　を考えていきます。ただそこだけを考えると途方に暮れそうなので、ここで登場するのが、先に設定したKPIです。KIRIN公式noteのKPIは「Twitter上のシェア」です。それはつまり、「読んで誰かにシェアしたい」と思ってもらうということです。ここで言う読者視点とは、「読んで誰かにシェアしたいコンテンツはどんなものか？」ということを考えることです。読者にとって、企業からの発信をわざわざSNSでシェアするメリットは何なのか？　を考えることです。noteやその他プラットフォームであれば、他社の人気のコンテンツや、同じような情報で反響が出ているコンテンツを見ることができます。それら一つひとつを追いかけながら、なぜ読まれているのか、それは読者のどんな感情を刺激しているのか？　について考えていくと「必要とされるコンテンツ」の糸口が見えてくると思います。

ここまでは比較的想像ができるやり方だと思いますが、これにもうひとつ③世界観を加えたいです。またふわっとした言葉ですね。世界観とはつまり、いくつかの要素が組み合わさったメディアの醸している空気感とでも言いましょうか。「メディアの文体」「写真・デザインの雰囲気」「取り上げられる人たちの傾向」……他にもありますが、複数の要素が組み合わさったメディアのイメージのことを指します。たとえばデザインを発注する際に「ほら、あの◯◯っぽい感じ」とイメージを伝えることがありますが、そういう「っぽい」を想起させるものがあれば世界観が提示されていると思って良いかと思います。他のメディアを指してこれは「キリンのnoteっぽいね」と言われるようなイメージです。先述した「自由曲」「色を出す」ことと近い話です。ではなぜこれが必要なのか。それが「社内からの期待」つまりは「そのメディアに出たい」の声につながるからです。①と②の組み合わせであれば、費用さえ許せばタイアップ記事、つまりは広告のような形でも実現することはできるかと思います。世界観をつくるということは、アーンドメディアでもペイドメディアでもできない、オウンドメディアのメディアとしての唯一性を担保することにつながるわけです。この世界観の目指すところは、読者からはメディアを通じてその「企業っぽさ」を感じてもらうことであり、インナーからは「今までにない伝え方ができそう」といった期待につながることです。この期待感を醸成するための世界観づくりは、時間がかかる上に、ともすればセンスに依存するものと思われるかもしれません。ただ、ここをしっかりと整理ができ、メディア上でしっかりと醸し出されていると、そのオウンドメディアでコンテンツを出す理由がくっきりとしてきますし、そうなるとインナーコミュニケーションのコミュニケーションコストが下がることにもつながります。

世界観をつくり上げることは一朝一夕ではできません。よくやるのは、世の中に無数にあるWebメディアや雑誌を引っ張り出して「仕分け」をし、自分たちが目指す「方角」を絞り言語化することです。これも有効な手段ではありますが、もっと簡単にスタートを切ることもできます。それはメディアを立ち上げた際に「所信表明」を行うことです。このメディアは、何を目指して立ち上げたのか。どんなことを伝えていくのか。その上で読者の方にはどんなことを持ち帰ってほしいか。メディアの指針ともなる「所信表明」をコンテンツとして出すことが世界観を獲得するための第一歩であり、拠り所となります。KIRIN公式noteも、その所信表明を頼りに社内から多くの声が上がってきました。その声から生まれたコンテンツを見て、また違うところから声が上がる、その繰り返しが今のnoteをつくり上げました。それはすなわち世界観の醸成に他なりません。また所信表明を出すことは、そのまま「メディアの方針」にもなります。先に整理した「早見表」における整理を、より具体的に、より実際的に書くことになります。所信表明を書くのは大変ですが、それ自身がどこでも見せられるメディアの方針になります。ぜひ所信表明を書いてみてください。

事例：「#今日はキリンラガーを」

KIRIN公式noteでは「#今日はキリンラガーを」という連載企画を行いました。これはキリンラガービールのブランド担当からのオーダーでつくり上げた特集で、従業員のラガー愛とクリエイターのラガー愛を往復書簡のように届ける形をとりました。

ブランド担当からのオーダーは、シンプルに言えばキリンラガービールを「伝統品質の本格ビール」であることを伝えたいというもの。キリン創業の原点であり、130年以上日本で愛されてきたキリンラガービールがノスタルジーではなく、ポジティブに伝わるようなコンテンツ企画を依頼されました。ｎｏｔｅの主要読者が20～30代であることもオーダーの理由であり、キリンラガービールは現在ＣＭやその他広告を打っていないため、若年層への認知も課題とのことでした。知ってはいても「年齢層が上の人が飲むビール」という印象が強く手が遠のいているとの見解もありました。

この話を受けて、まず私がしたことは３つです。

①リアルな声を聴く
②過去に当たる
③感度の高い人の感触を知る

① キリンラガービールについては、その前からｎｏｔｅでは取り上げていました。それはｎｏｔｅの読者には、本質的なもの、定番、ロングライフデザインを志向する方が多く、消費することに対して自身でしっかりと理由を語れるほど言葉を持っている方も多いということがくまなくｎｏｔｅの街を「歩いて」感じた傾向だったので、そういった視点で見た時に、１３０年の歴史を持つロングセラーのキリンラガービールはむしろ相性が良いと思っていたからです。ブランド担当がネガティブに感じていた点はむしろポジティブに働

2021年8月より始まった「#今日はキリンラガーを」は、キリンラガービールを愛する従業員のメッセージや、人気クリエイターの方によるキリンラガービールの物語をリレー形式でつないでいく連載企画。

いているという肌感がありました。実際に出したコンテンツの反響をいくつか振り返っても、キリンラガーへの愛着がある方はとても多いことがわかりました。またキリンラガービールのコンテンツはキリンビール公式Twitterとも相性が良いこともわかっていました。キリンラガービールの投稿をすれば、必ず個人的な思い出などとセットでメンションや引用リツイートをしていただくことが多く、そういった個人個人の「思い出」にキリンラガーがいることもポジティブな点だと思っていました。マスプロダクトの場合、世の中の全体的な傾向を見て、そこからターゲットを掘り下げていくことが多いですが、オウンドメディアは、既にその企業もしくは商品に愛着を持っている人から「いいね」と広がっていくことが中心の価値となるので、発想の起点が真逆なんですね。なので全体的な傾向はしっかりと把握した上で、自分の担当するメディアに置き換えて価値を再定義することが重要です。

② 今回の商品は歴史がある商品でしたので、ブランド担当以外にも社内のライブラリに当たることにしました。当社には「アーカイブ室」という、キリングループのすべての情報が集まる場所がありますので、そこでキリンラガービールの過去の取り組み等について教えてもらうことにしました。過去には地域の営業が主体となって、お客様のキリンラガーエピソードをまとめた冊子をつくっていることがわかりました。同じような事例が他にもあり、先述したTwitterにおける反応と類似する空気感を感じました。オウンドメディアは個人と直接結びつくメディアであり、そこが可視化されることで好意が伝播していくメディアでもあります。なので「点の感触」ではなく「線の関係」として商品を捉えることが必要になります。その人の人生にどう寄り添ってきたのか、大袈裟ですがそういったところを想像ないしは調べて把握することで、ファンの方により強度を持ってコンテンツが刺さっていくことになります。

③①でnoteや公式SNSではキリンラガービールに好印象を持っている読者が多いことはわかりました。ここでもう一歩踏み込んで、その読者の中でもさらに情報感度が高い人がどんなことを考えているかを知ることもコンテンツを考える上ではヒントになりえます。今回のケースで言えば、その矛先を「KIRIN BEER SALON」というコミュニティに求めました。このコミュニティは、「これからのビールを考える」というコンセプトを元にビールラバーが集まる有料サロン。キリンの冠はついていますが、その中身は日本及び世界のクラフトビール事情について、ゲストを招きながら参加者と楽しく語らう場として2019年にオープンしました。一期30名限定のこのサロンは現在は第4期を迎えています（この取り組みもKIRIN公式noteととても関係が深いため追って詳述します）。ここの参加者のクラフトビールの知識はすごく、正直私も知らないクラフトビールの銘柄がバンバン出てきます。そういった偏愛家が集まる場で「一番好きなビールは？」と聞くと、多種多様なビールの名前が挙がる中でもキリンラガービールへの愛着が高い人が多く、聞けば彼らにとってキリンラガービールは「自身の原点のビール」「おかえりのビール」「結局ここに戻ってくる」といった存在であることがわかりました。自身のメディアの読者の中でも先端の人の感度を拾うことでコンテンツの軸が見えてくることがあります。またギークな人からシェアされるコンテンツは裾野も広いため、オウンドメディアにおいては有効な手段

となります。

ここまで情報にあたれば、次は自身の中で仮説を立てます。私がこれらの情報に接して見出した仮説は以下の通り。

・キリンラガーはノスタルジーではなく「ホーム」
・キリンラガー好きは語りたくなる
・キリンラガーは自ら手を伸ばすもの

こんな言葉が浮かんできました。さらに思考を進めて、この仮説を元にｎｏｔｅでコンテンツ化するのであればどんなことができるのかを考えます。そうすると以下のような企画骨子が朧げながら見えてきます。

・キリンラガーを自ら理由を持って選ぶ人がいる。その理由を掘り下げたコンテンツ展開にすることで、それを読んだ人がキリンラガービールを手に取る理由を与えられるのではないか？
・キリンラガーの広告はゼロ。そうであればキリンラガーへのイメージは千差万別で、それはつまり従業員とユーザーの垣根がないともとれる。それぞれ多彩な愛情を並べることで「僕も、私も」と語りたくなるのでは？

といったことが浮かんできました。あくまで私が考えていることで、ここに正解はありません。大切なのは、オウンドメディアならではの切り口を見つけるための情報収集をすることと、コンテンツ内容を考えるのではなく、コンテンツをきっかけに生まれうるコミュニケーションを考えることです。

ここまで仮説が立ったら、次は具体的な企画に入っていきます。ここで持ち出すのが先述した3つのベン図「企業主語」「読者視点」「世界観」です。これまでまとめてきたことをこの3つに当てはめていきながらコンテンツの軸を見出していきます。

- 企業主語：キリンの原点、伝統品質の本格ビール
- 読者視点：ロングライフデザイン、定番
- 世界観：パーソナルな思い、クリエイターコラボ

こんな風に当てはめることができました。企業主語、読者視点は前述している内容の通

コンテンツづくりの「型」

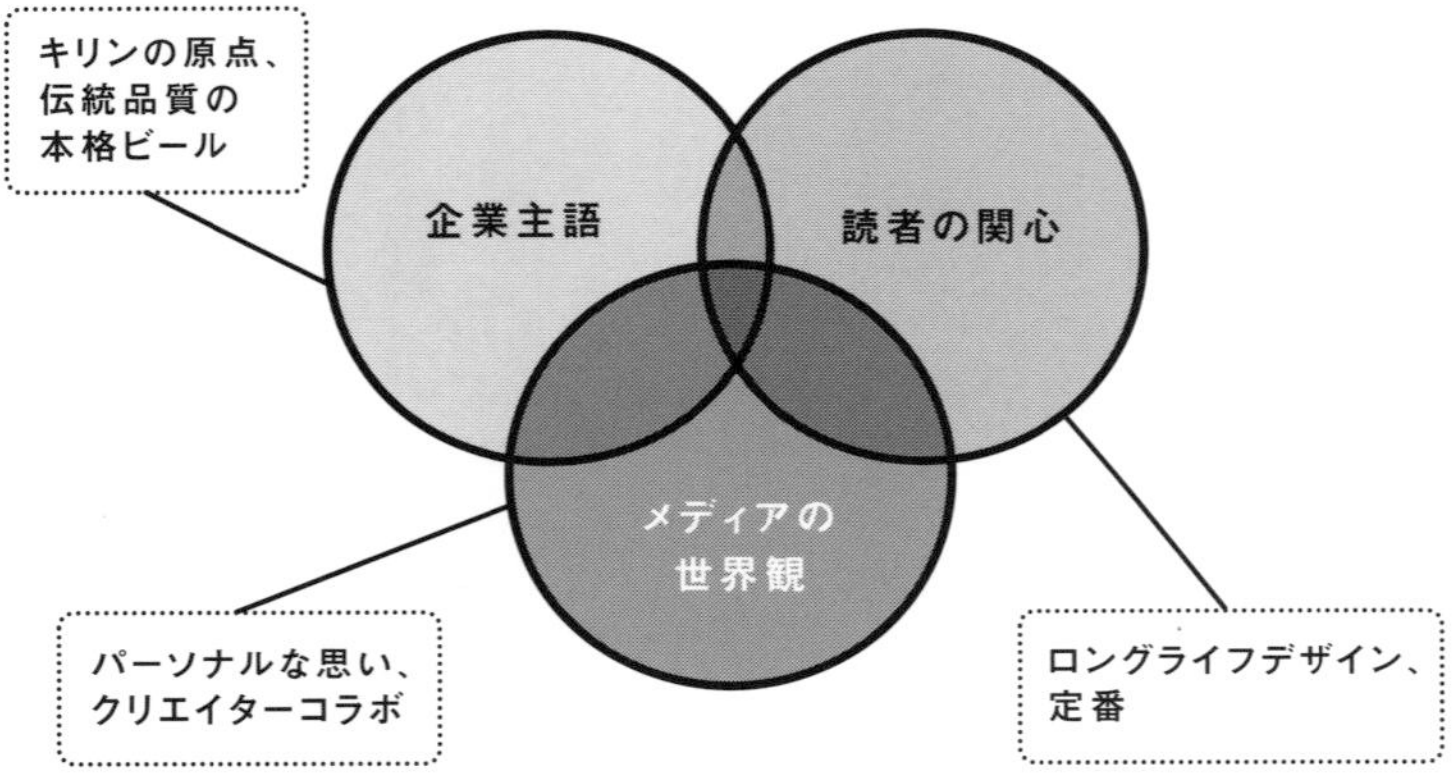

りなのでイメージがつくと思いますが、「世界観」については少し補足します。「パーソナルな思い」というのは2章で紹介したKIRIN公式noteのスタンスです。「クリエイターコラボ」というのも、KIRIN公式noteはクリエイターを大事にすることを掲げ、積極的にコラボ企画を行っています。この点は他オウンドメディアにはない点でもあり、noteたらしめている観点でもあるため「世界観」として捉えることができます。

ここまで固めれば、後はこの企画名を決め、具体的な企画案に落とし込んでいくフェーズです。ちなみにKIRIN公式noteは、制作パートナーとコンテンツを一緒につくっていますが、この企画で言えば、ここまでは私が考え、具体的なコンテンツ案についてパートナーさんと詰めていくことになります。実際にここまで明確に言語化できる企画は少ないですが、少なからず上記3つのベン図に当てはまりそうな要素をぼんやりとでも言語化してから詰めていくようにしています。

そこから議論を繰り返し、企画が固まりました。上記フローを経て決まった特集名は「#今日はキリンラガーを」でした。タイトルだけ見ればなんてことないフレーズですが、今日「は」としたのには、「自ら選ぶ」ことを表現しています。またキリンラガーは飲むシーンが人それぞれあると思ったので、シーンが限定されるのを避けるため「今夜」といった時間が特定されるものではなく「今日」としています。また「今日〝も〟」としなかったのは、キリンラガービールには選ぶ理由があることを強調したかったためです。企画骨子は以下の通り。

・従業員とキリンラガーラバーの往復書簡
「語りたくなるブランドであり、解釈が許されるロングセラーブランドであり、従業員にも語りたくなる人がいる（はず）

・感度が高く、クリエイティブな方をアサイン
「古いのではなく今も真ん中であることを訴求するため

実際のコンテンツは、キリンラガーを「選ぶ理由」として、時節、料理、カルチャー（かっこいい）の順番で見せることに。継承される文化、食卓の定番、そして今「真ん中のビール」という切り口を用意し、キリンラガーの懐の深さと広さを表現しました。ひとつめの「時節」では、若手のエッセイストさんに「お盆」をテーマに小説を寄稿していただきました。実家の食卓はキリンラガーの瓶だった、という声がTwitterを中心として多かったことを受け、懐かしさを共有してもらいながら、伝統的な時節にはキリンラガーが似合う、という空気を醸し出してもらいました。写真もSNSで人気のフォトグラファーさんが彩ることで、とても良い空気感を演出していただきました。料理の視点では、キリンラガーラバーの料理家さんにふだんの食卓にキリンラガーがなぜ合うのかについて、食卓の歴史を紐解きながら、現在の食卓ではどんな料理の時にキリンラガーを選ぶべきかについて教えてもらいました。選ぶ理由をより身近なシーンに落とし込んだ格好です。最後のカルチャーでは、奥渋と呼ばれる富ヶ谷エリアの人気のワインバーの店主へのインタビュー企画。そのワインバーで唯一出されているビールがキリンラガービールの小瓶であることを

制作パートナーから教えてもらい、一緒にお店まで飲みに行きました。そして、そこで店主と話をしてご快諾をいただき、インタビューでは熱量たっぷりにキリンラガー愛を語っていただきました。さらにはご自身のInstagramでもこの取材のことをとても好意的に発信してくださったことで、フォロワーの方からは「素敵な記事で泣きました」といったコメントまでありました。

従業員の寄稿は、若手のブランド担当からベテランへとリレーすることにしました。キリンラガービールが「継承されているブランド」であることを伝えたかったのです。ここでは素直に彼らが見てきたキリンラガーについて執筆してもらいました。こうしたインナーからの声は公式Twitterアカウントでシェアすると反応が多くつき「僕も、私も」と思い出を語っていただくフォロワーさんもいらっしゃいました。

さらには、この取り組みがnoteの中にも浸透していき、結果としてキリンラガー好きなnoteクリエイターから「キリンラガー愛を語りたい」とおっしゃっていただき、素敵な投稿をしていただくことにつながりました。ファンの多いクリエイターさんでしたので、とても多くの反響がありました。

約4ヶ月間の特集でしたが、最終的にTwitter上での「#今日はキリンラガーを」のリーチは1、500万を突破。ここにかかった制作費を考えれば、広告効果としてもとても大きいものとなりました。

まとめます。企画時に一番はじめにやることは、企画として取り上げるもののファクトになるべく多く当たることです。その際に必要な考え方は、大きく見た傾向だけではなく、そのオウンドメディア上の読者における感度をたしかめることです。また、ひとつの傾向を捉えたら、様々な角度から眺めてみることです。キリンラガービールの場合、ノスタルジーというキーワードがありましたが、それを過去の事例や情報感度の高い人の声を拾うことで「ホーム」というワードに変換ができました。一見ネガティブに見える言葉もこうして角度を変えてみることでポジティブに転換することができます。オウンドメディアであれば、既に読者がついていることも多いと思いますので直接声を聞くことができるのもひとつの手法であり、通常の調査では出てこない結果を得ることができると思います。ただオウンドメディアの読者のアンケートは基本的にバイアスがかかっています。既に自社に興味がある・もしくはファンですから当然です。とはいえ、熱量の高い読者ほどその先にシェアされる可能性もありますし、大規模な調査で見られた傾向に沿ったコンテンツであればオウンドメディアでコンテンツ化する必要もないわけです。オウンドメディアならではの切り口を見出すことがオウンドメディアそのものの「世界観」を守ることにもつながります。

実際の企画時に必要なことは「企業主語」「読者視点」「世界観」のベン図に当てはめてみることです。それぞれの視点を俯瞰で見ることは、企画の偏りを防ぎます。担当するメディア愛が強いほど「読者視点」「世界観」を重視してしまい、本来的なインナーの課題解決にならないこともあり、ひとりよがりの企画に見えてしまうこともあります。こうして俯瞰で見ることで企画のバランスが取れてくると思います。また、この時点では、コンテンツの中身よりもまず考えるのはコンテンツを起点とした「コミュニケーション」です。どんな声が生まれるだろう、どんな感情が芽生えるだろう、そんな風に整理することで、コンテンツの方向性が固まってきます。

もうひとつのポイントはメディア担当者自身が特集名や企画名を考えることです。今回のケースで言えば「#今日はキリンラガーを」ですが、こちらは私がつけました。特集名でなくても企画全体を通すキャッチコピーでも良いですが、そういったフレーズを考えることは、企画全体の狙いや目的をシンプルに言語化するフローに他なりません。実際にKIRIN公式noteの特集名や連載名の多くは私がつけています。制作パートナーと一緒に考えるのですが、やはり自社内のことを一番見ている担当者が考えることの方が芯を食うことが多いように思います。担当者としてやることが多くなってきましたが、ここは重要な点なのでぜひ実施していただきたいです。

ステップ5

コンテンツをつくり発信する上での心構え

企画内容・骨子が固まってきたら、ようやくコンテンツの中身を考えることになります。ここからはコンテンツを作成する上でオウンドメディア担当として押さえておくべき考え方についてまとめていきます（より具体的な取材方法や執筆、編集のノウハウについては専門的にまとめられている書籍がたくさんありますので、そちらを参考にしていただければと思います）。

繰り返しになりますが、前提としてつづくオウンドメディアの理想の状態とは、「社内（インナー）」と「社会（読者）」から「求められつづける」ことです。これはつまり、誰かに薦めてもらうことであり、「次」を求められるということでもあります。そしてそれは読者だけではありません。一緒にコンテンツをつくる関係者やインナーも当てはまります。いや、むしろ関係者やインナーとの密度の濃さこそが、コンテンツの広がりにつながっていくと言っても過言ではないと思っています。

ここからKIRIN公式noteの事例をもとに説明します。

事例：「#わたしとキリン」

企業発信のオウンドメディアでは、どうしても世の中ごとになる商品や取り組みの裏側に目を向けてしまいます。そういったコンテンツは引きがある一方でどうしても主語が大きくなり、時として読者を置いてけぼりにしてしまいます。とかくnoteのように「個人の思いを伝える」場だと、主語の大きさと比例して読者が離れる傾向があるようにも思います。

そういう視点から離れて、従業員にフォーカスを当てたコンテンツをやりたいとずっと思っていました。一人ひとりの日々の小さな工夫の積み重ねが企業の推進力になっている。それは大手であれ、ベンチャーであれ、個人事業主であれ変わらない。そのことを伝えた

「#わたしとキリン」は、キリンのnoteの中でも随一のヒット企画となった。

くて始めたのが「#わたしとキリン」というインタビュー企画です。

この連載を始めた時に意識したのは、取材された従業員にとって、公開された記事が自身を物語る「代名詞」になりうるか、ということでした。「はじめまして」の方に自己紹介する時にこの取材記事を見せてくれることを想像しながら、それだけ密度の高い記事にすることを意識しました。そうなるとインタビューは長丁場になりますし、おのずと文字数も増えます。中には１０，０００字を超えるものもありました。いかに長文コンテンツが多いｎｏｔｅにあっても、なかなか勇気のいる文字量です。それでもその記事が取材対象者にとって「代名詞」になるか、その一点を守るため、文字数は気にせずに記事化することにしました。

結果としてどんなことが起きたか。インビューされた従業員は皆、公開されると、家族や知人にＬＩＮＥで連絡する、自身のＦａｃｅｂｏｏｋでシェアするなどの動きが見られました。「家族が喜んでくれた」「部署内でも読んでもらっています」といった嬉しい声も届きました。その熱を帯びた声を聞いていると、社内でＫＩＲＩＮ公式ｎｏｔｅの存在感がじっくりと温まっていくのを感じました。さらには、この取材をきっかけにして、取材した従業員から、今度はその従業員と同じ部署で携わっている商品や取り組みを取材してほしいといった声も出てくるようになりました。一つひとつのコンテンツを丁寧に伝えたことが、インナーからの期待を育み、少しずつ社内で広がっていくことになりました。また、Twitter上では、キリンの印象がずいぶん変わったといったポジティブな声もありました。大手ならではのドライでクールな印象（私も転職時はそうでした）を覆され、当社に愛着が湧く人も多かったように思います。着飾らず実直でパーソナルな言葉が浸透するのはnoteならではの傾向とも言えるでしょう。

事例：「#日本産ホップを伝う」

「一番搾り とれたてホップ生ビール」という商品があります。これは岩手県遠野市で収穫されたホップを使った商品で、1年に一度しかつくられない旬を味わうことのできるビールです。

この商品で使われている「日本産ホップ」そのものの奥深さや、日本産ホップの価値向上のために若手の移住者を中心に盛り上がっている活動、減少をし続けるホップ農家の課題解決のため遠野市との長年にわたる取り組みなど、そこにはソーシャルイシューを内包した物語が現在進行形で存在しています。その一部始終をnoteであれば伝えられるのではなかと思い、連載企画「#日本産ホップを伝う」をnoteで立ち上げることにしました。

ちなみにこの「#日本産ホップを伝う」という特集名も私がつけたコピーです。

この特集名には、これまでの日本産ホップの取り組みを「伝える」ことと、日本産ホップと日本のビールの過去と未来を「たどっていく」というふたつの意味を持たせています。また、ホップは蔓（つる）植物であり何かに絡まりながら上に伸びていく植物。「つたう」には、未来に伸びていく「日本産ホップの展望」を見据える想いも込めました。

連載開始時の記事にはこのように説明していますが、50年以上前から脈々と続く日本産ホップの歴史と現状の課題、そこから未来に向けて動き出している活動を伝えていくことを主眼に置き、上記のようなタイトルに行き着きました。

遠野で活動する人々とキリン、それぞれのアカウントから「#日本産ホップを伝う」をつけて記事を投稿することで、「日本産ホップ」の情報が集まる場所をつくり上げた。

さて、この連載を立ち上げる際に、関係者から聞いて感じていたことは、遠野にはビール文化を盛り上げるために移住してきた方が増えてきているということと、それに呼応するように活動がめまぐるしく活発化しているということでした。そうであれば、この企画はキリンから発信することに留めず、遠野で活動されている方々からも、日本産ホップや遠野活動を発信してもらうことで、コンテンツとして厚みが出るのではないかと思いました。遠野で中心的に活動をしている方とキリンは既に密なコミュニケーションを行っていたことと、その方々の発信拠点のひとつとしてnoteを活用されていたことも後押しとなりました。結果として、遠野で活動している方々とキリン、それぞれのアカウントで同じハッシュタグをつけて投稿をすることにしました。それらの投稿はｎｏｔｅのマガジン（まとめ）機能を活用し、ＫＩＲＩＮ公式ｎｏｔｅが拵えたマガジンページに双方のコンテンツを格納して、そこにいけば遠野における「日本産ホップ」の現在地がわかる仕掛けにしています。

この連載が公開されると、遠野で活動をしている方々がＴｗｉｔｔｅｒでシェアしてくれるだけではなく、別の地域のホップ農家さんや国内のブルワリーさんたちも反応し始めました。中には「私たちの地域の取り組みも取り上げてほしい」といった声もあり、そうしたポジティブな声が集まった結果、連載期間中の３ヶ月間でＴｗｉｔｔｅｒで「＃日本産ホップを伝う」のハッシュタグを含む投稿は、テーマが狭いにもかかわらず７００万リーチを稼ぐことになりました。

同じ視座で活動をしている方々がいるのであれば、積極的に声をかけともに発信する仕組みをつくることで共感の輪が広まっていきます。その輪は小さなコミュニティとなって、その後も継続的につながり続けてくれます。事実、この連載が終了した後も、遠野の方々とはまた違う特集でご一緒したり、ｎｏｔｅの枠を超えた取り組みでもご一緒したりと関係が続いています。そしてその度に少しずつゆるやかなつながりは広がり続けています。

事例：「KIRIN BEER SALON」

先ほどチラっと登場しましたが、2019年から「KIRIN BEER SALON」という取り組みを始めています。これは全5回の講座とオンラインコミュニティがセットになったもので、2022年に第4期を迎え、サロンメンバーは100名を超えるまでに成長しています。

講座では、ビールの楽しみ方・飲み方の基礎的な知識をお伝えするだけではなく、人気のクラフトブルワリーなどを迎え、最新のビールカルチャーについて教えてもらいます。講座が開かれると、サロンメンバーが「#キリンビールサロン」をつけてTwitterで感想をつぶやいてくれ、これまでのTwitterのハッシュタグ投稿によるリーチは1、500万を超えました（2021年9月時点）。

オンラインコミュニティでは、サロンメンバーだけが集まることができるFacebookグループを用意していますが、毎日のように「今日飲んだビール」「おすすめのクラフトブルワリー」などが投稿され、ビールの楽しさを共有し合う空気ができあがっています。

こんな熱量の高いサロンですが、取り組みの開始当時からnoteを活用していました。活用方法としては主に2つです。サロンの魅力を伝えるメンバー募集記事をnoteで出すことと、講師によるサロンメンバーに向けた「手紙」をnoteで出すことでした。

募集記事では、このサロンのビジョン・想いに共感いただいたビールカルチャーに精通している方との対話を通じて、サロンの魅力、ビールの楽しさ、奥深さをお伝えすることにしました。ビールに精通した第三者との対話にすることで、読み物としての面白さを担保することはもちろん、共感をしっかりと打ち出すことで、このサロンが「いち企業に閉じたコミュニティ」ではなく、「フラット」で「多様」なカルチャーが内包されていることを、説得力を持って伝えることに寄与しました。また講師のビール愛やサロンに対する想いを素直な言葉で語ることで、ソーシャルイシュー・カルチャーに関心度の高い

「初めて知る」から、「自分でつくる」
まで。ビールの面白さを体感する
『KIRIN BEER SALON』をはじめます
111
KIRIN

noteに掲載した「KIRIN BEER SALON」の募集記事。

noteユーザーからの興味を獲得することができ、結果として多数のご応募をいただくことになりました。共感性の高い人たちを集めることができたからこそ、自発的なTwitterの発話につながったものと思われます。

そしてもうひとつの、講師によるサロンメンバーへの「手紙」。これは期が終わるタイミングで講師から卒業生に向けた感謝の気持ちを綴ったものです。わずか数十名に向けた手紙をnoteで公開しているわけですが、それを受け取った多くのサロンメンバーから、講師への「返事」の言葉とともにTwitterでシェアしていただきました。そのウォーミーなやりとりは、サロンメンバー以外の人にこのサロンの温かい雰囲気がダイレクトに伝わるばかりか、サロンを「追体験」する作用もありました。結果として、これらの取り組みによるSNS上での広がりはそのまま新しい参加希望者を連れてきてくれることになりました。「KIRIN BEER SALON」は毎回定員を上回るご応募をいただいております。

この事例から見えるオウンドメディアの可能性は、「共感の可視化」と「プロセスのオープン化」です。オウンドメディアで記事にする時は、その多くは、既に「完成したもの」「完了したもの」を振り返ることが多いと思います。それはそれとして、「完成された」読み物としてのアーカイブ性は高いのですが、企業からの「報告」に近い記事はどこか距離が遠く感じるものです。今まさに思っていることやゴールに向けたプロセスを、「共感者との対話」や「当人の語り口」で届けることは、その事柄への関心の高い人から共感性が高く、SNSでシェアされやすい傾向にあります。ご紹介した「KIRIN BEER SALON」に限らず、noteで多くの方の共感を得てシェアされている記事も同じ傾向にあると思います。

「プロセス」をオープンにして共感を可視化することで、オウンドメディアは単なる情報発信を超えた役割を担える可能性が出てきます。

一緒にコンテンツをつくる人たちとの関係の大切さ

私たちのnoteは、多くのクリエイターさんに支えられています。企画編集を行うパートナー会社、ライターさん、カメラマンさんなど制作陣はもちろん、素敵な文章を届けてくれるエッセイストさんやおいしそうなレシピを提供してくれる料理家さん、イラストレーターさんなど、本当に多くのクリエイターさんのおかげでメディアが成立しています。せっかくご一緒させていただく機会です。なるべくなら、キリンがやっていることや目指す姿に共感していただき、「やってよかった」「好きになった」と思ってもらいたい。さらにはその方の仕事においてもプラスの実績となる取り組みにしたい。そういう思いもあって、制作過程においてはできる限り直接クリエイターさんとお話しする機会を設けることにしています（すべての方にできていない点はまだまだ反省点としてありますが）。

こちら側の意図を伝えることはもちろん、そのクリエイターさんのこだわりから将来的な思いまで共有していただき、なるべく気持ちよく企画に参画いただけることを目指しています。そういうフローを経てできたコンテンツはやはり熱量が乗りますし、クリエイターさんが積極的にシェアしてくださることも多いです。シェアしていただく時にも「とても面白い取り組みだと思った」「これからも応援したい」など、私たちの思いを前向きに受け取ってくれたと感じるコメントをいただくこともあります。そういった声をいただけたコンテンツは思った以上に遠くまで届くこともありますし、実際にクリエイターの方とのコミュニケーション量は、記事の反響と比例する結果になっています。

また、コンテンツが発信された後のコミュニケーションも大切です。コンテンツが発信された後には社内からは様々な反響があります。「家族からこんなＬＩＮＥがきました」とか「おかげでチーム内のモチベーションが上がりました」など、前向きなコメントも上がってきます。そういった声もなるべくクリエイターの方にお返しするようにしています。

私自身も文章を書く身なのでわかりますが、具体的な声によるフィードバックはとても嬉しいものです。そしてそういう声はそのまま「次のクオリティ」にもつながっていきます。

取材対象者の代名詞となること、共感者と一緒に発信すること、プロセスをオープンにすること、クリエイターとの密なコミュニケーション。メディアをつづけていくということは、小さなコミュニティをコツコツとつくり上げていくようなものかもしれません。そのコミュニティが同心円状的にコンテンツを広げてくれるのです。共感者から、ジワジワとコンテンツが広がっていく。とても遠回りに見えるやりとりです。しかしその関係をつくっていくことがメディアの幹となります。つづくメディアになるために欠かせない活動です。

クリエイターは「使う」ものではない

時折コンテンツ企画の打ち合わせで、「インフルエンサーを『使う』」という言葉を聞くこともあります。インフルエンサーやクリエイターと一緒にコンテンツをつくるということは、本来的には自発的な共創関係にあるべきで、そういう空気感を維持できてはじめてインフルエンサーたるインフルエンスが発揮されると思っています。互いに気持ちよく依存しあえることが、影響を点ではなく線に、そこからさらに広がって円にできると思っています。「使う」という言葉には、そういった本来的な効果に蓋をすることでもあるし、何より仕事をする姿勢としてもとても残念です。現場でこういう発言が出てしまうならオウンドメディア運営を行う組織として一度足元を見直す機会だと思います。

しかしながらそういう発言が出てしまう背景もわからなくはないです。それはＫＰＩです。オウンドメディアという本来的にはとてもクリエイティブなものを扱う業務において、定量的な「数字」のみを追い求めさせるＫＰＩの設定と組織の空気は、担当者の態度を硬化させるばかりか、数字で縛られた制作を請け負うパートナーさんもアイデアを狭くさせていきます。

そういう関係ができあがってしまうと、会話は数字先行になり、本来発揮すべきクリエイティブをどんどん遠ざけ、結果としてよく似たコンテンツが並ぶことになります。要は、あのコンテンツがバズっていたのでそれに倣いましょう、となってしまうということですね。それで数字が「維持」できれば当面は良いかもしれませんが、先述したようなオウンドメディアの拠り所である「世界観」が瓦解するばかりか、数字で縛るほど、当然その翌年も「伸長した数字」で縛ることになります。成長が前提の企業活動にあってそれは当然ですが、そのルーティンは時としてメディアの価値を逓減させることにもつながります。

とはいえ、難しいところではあります。数字目標を曖昧にして仕事と言えるのか？　という厳しい指摘もあるでしょうし、実際にやっている本人にとってみても、明確な目標がある方が動きやすいこともあるでしょう。もちろん数字目標はつくるべきでシビアに追い求めるべきです。ただそこに至るプロセスを精緻にして、マイルストーンごとに具体的な目標を立てるべきだと思います。

その際に取り出すべきものが、先掲したオウンドメディアの「理想の状態」の図です（P151）。前章で、SNSにおける効果指標とは「お客様と良好な関係を維持できている状態」を可視化できる数値にすることと伝えましたが、組織として大切なのはそこに至るまでのプロセスを丁寧に言語化することと、その状態に至るまでのマイルストーンをつぶさに置くことです。そういったコミュニケーションがオウンドメディアの「硬質化」を防ぐひとつのよすがになると思います。

コミュニケーション量＝文章の強度と捉える

「読まれるコンテンツ」の、切り口やテーマやタイトル・写真などテクニック的なことはいろんな書籍やWeb記事で紹介されていますが、インナーとコミットしながら進めるオウンドメディアにおいてはテクニックだけで走ることはほとんど不可能なんですね。

なぜなら社内からオーダーを受ければ、内容がニッチすぎるが故、どうテクニックを駆使しても多くの人に刺さらないネタはあるわけです。それでも、取り上げるネタにかかわらず反響が出る記事に傾向があることがわかってきました。

それは取材対象者、つまりインタビュイーからの「修正内容」にあります。noteで出している記事は、基本的に社外のライターさんに取材・執筆をしていただいています。それをパートナーの制作会社に編集作業をしていただき、上がってきた原稿を私がチェックをしてから（ここで1～2回やりとりが発生します）、取材対象者に「初稿」として提出することになります。

取材内容が専門的であるほど修正は細かく入るのですが、とはいえ、基本的に修正内容は「事実に関すること」です。事実とは違う点、もしくは誤認されるリスクがあること、他には会社もしくは業界のルール上に則った表現などの修正が入ります。しかしながら、時折そういった範疇を超えて、記事の構成から見直しの提案をいただいたり、ほぼ書き換えのレベルで修正をいただくことがあります。記事は大抵5、000字以上になります。それを隈なくチェックするだけでも大変なはずですが、それ以上に自身が「納得しうる文章」でアウトプットまで持っていきたいという熱量を伴った修正を入れていただける方がいます。

そういう修正を見ると文章が「きれい」なんですね。うまい・下手というより、きれいなんです。その人が取材慣れしていなくても、どこかで執筆活動をしているわけでなくても、時折ハッとするような「きれいな修正」が返ってくるんです。

そういう人たちの共通点を見出すのは難しいのですが、ひとつの傾向としてあるのは、その人が商品や取り組みの「発起人」であるという点です。おそらくその取り組みを始めるにあたり、膨大なコミュニケーションを積み上げて、都度「納得してもらった上で」仕事を進めてきたのだと思います。そういう人たちから出てくる言葉だからきっと、すっと腹に落ちるような「きれいさ」があるのだと、勝手に思っています。私の方針としては、そういった修正が入った場合は、こちらからは極力手を入れずに彼・彼女の言葉のまま出すようにしています。内容が難しかったり文字数が多くなったりしても、そういう修正を経た記事というのは、予想に反して反響が出ることが多い傾向にあります。

もちろん、どのメディアでもこの傾向が出るわけではないと思います。パーソナルな思いを丁寧に発露することを前提にしているnoteだから、ということはあるかもしれません。ただ、「コミュニケーション量＝文章の強度」という仮説はありえると思います。

そういう視点で考えると、取材対象者をどういった方にするべきか？　といったことも見えてくると思います。組織にいれば担当の配置換えは頻繁に起こります。その商品を担当してまだ数ヶ月でも、「表に出る場面」ではその人が登場することが多いです。公式な発信の場であればそれは正解でも、オウンドメディアで見ると合わないこともあります。オウンドメディアで登場する人選においても担当者は「誰が語りきれるか」といった視点で選ぶことも重要な役割と言えるでしょう。

ステップ6

評価はタテとヨコ

これまで説明してきた通り、オウンドメディアの役割のひとつは、広告等では伝えきれない「商品の価値」「企業の姿勢・ビジョン」を発信し、「点ではなく線」でつながる共感者を獲得することでもあります。

発信されたコンテンツの評価は、必然的に接触者数、すなわち数値化できる「量」を追いかけることになります。とはいえオウンドメディアをつづけるためには、社内から求められ、期待されている状態であることが必要で、その期待に応えようとすると、どうしても数値を取れないものも出てきます。内容が専門的すぎたり、読者が絞られていたり。そうは言っても数字は追わなくてはいけない。オウンドメディア担当者が抱える大きなジレンマです。

翻って、ＫＩＲＩＮ公式ｎｏｔｅで発信してきた記事を振り返ると、ＰＶやリーチなどの数値以外の価値が見出されてきました。

たとえば、とある商品の誕生の背景や味わいのこだわりが綴られた記事は、お客様を説得するための「営業ツール」として利用されたものがありました。また、まだあまり露出していない社会貢献活動を追いかけた記事は、それをそのまま「報道向けのレター」を補強する資料として活用しました。従業員の「働く」にフォーカスした記事は、中途採用募集用のコンテンツとして活用されました。

コンテンツとしてはひとつであっても、活用方法が他にも展開できる、つまりコンテンツが「ヨコ」展開しうる、という評価軸が出てきます。

もうひとつ、インターネットメディアの「ストック性」に目を向けることもできます。どうしてもWebコンテンツは賞味期限を短く設定されがちです。瞬間的なバズを狙うコンテンツはそれだけ賞味期限が短くなりえます。

ただ、本来的なWebコンテンツの有用性は、リンクさえあればいつ何時でも掘り起こすことができるということです。今出している記事が5年後、10年後にも同様の価値（もしくはそれ以上の価値）として、存在しうることができるか、という評価軸を加えることもできそうです。その記事が数年（数十年）経っても、新入社員や転職者向けに会社のビジョンを伝えうるコンテンツになっているか？　何年経っても業務を進める上で「参考となりうる情報」となっているか？　など、コンテンツ評価に時間軸を与えること、つまり「タテ」の価値も加えることができます。

一定期間のPVやリーチを参考にした「瞬間的な共感者の獲得」に、「タテとヨコの面積」を追加してコンテンツを総合的に評価することが、メディアをヘルシーに継続しうるひとつの観点になります。

ステップ7

品性をガバナンスする

人も企業も、何かを言ったり何かを企てたりする時に、まずはじめに気にすべきことは、反響があるか、バズるか、売れるか、ということよりも「それは品性のあることでしょうか?」という問いを立てることなのではないかと思うようになってきました。

いきなり個人的な見解で申し訳ありません。そういう問いを立てていたならば起きなかったような事柄が、遠い場所でも近い場所でも程度の差こそあれ昨今特に目立つようになったと思います。ここ数年でソーシャルイシューへの関心は高まりSNS上で議論がされるようになってから、人も企業も、外に向けた発信に対して「品性」も確認されているように感じるのです。

品性：人柄。人品。人格。多く、道徳的な基準で見る場合にいう。また、すぐれた人柄であること。（出典：精選版 日本国語大辞典）

「すぐれた人柄」というのは随分と曖昧でいながらストイックな姿勢のようにも見えます。反対に「品がない」というのはなんとなくわかります。誰かを貶めたり、欺いたり、邪な狙いが透けて見えたり…矢印が自分にしか向いていないような言動には「品がない」と映るようです。そして今は、品性の欠落した発話はすなわち「退場」を意味するようにもなりました。その傾向はより増していると思います。

企業をひとつの人格として考えた時、その品性を保つための方策がブランディングであり、そのアウトプットのひとつがオウンドメディアにあたると考えることもできます。それが故、ここ数年オウンドメディアが増えていることとも符号すると思います。

オウンドメディアという手法を使わずとも、その「品性」を商品や広告などから受け取るイメージで果たせている企業もあると思います。例を挙げれば、「Ａｐｐｌｅ」「ＮＩＫＥ」「スターバックス コーヒー ジャパン」「良品計画」あたりでしょうか。これら企業サイトを見ると、「別建て」したオウンドメディアというものは基本ないんですね。企業Ｗｅｂサイト内の情報で完結されています。一方、「トヨタイムズ」「LifeWear magazine」「メルカリマガジン」、その他多くの情緒的なコンテンツを軸にしたｎｏｔｅの企業アカウントも、「別建て」で企業としての「品性」を担保させていると見ることもできます。どちらの手法が良い・悪いということはありませんが、世の中の潮流（SDGsやサスティナビリティを中心に置いた経営姿勢）を考えれば、オウンドメディアは長期的な「品性のガバメント」と捉えることもできるということです。「オウンド発信」による企業内の品性の所在の確認と、インナーへの共有と共感の獲得を通じて、品性のガバメントを行うということもひとつのオウンドメディアの役割と捉えることもできるかと思います。

先ほどコンテンツの評価はタテとヨコの「面積」で考えるべきと書きましたが、その内容について言えば「品性のあるもの」にすべき、ということになります。もっとシンプルに言えば「品性のないものは『企業発信』としてはやらない」ということを決めることではないかとも思っています。

なんとも抽象的でつかみどころのない話になりました。では、オウンドメディア担当者における品性とはなんでしょうか。あくまで私個人の考えですが、「妄想」することだと思っています。

社内でも社外でも、近しい仕事をしている人が集まって情報交換と称して、世に出た事例を持ち寄ることがあると思います。ああいう場で出てくる発言の多くは「うまいやり方だなぁ」「なんであんなセンスの悪いことやっているんだろう」「絶対売れないと思うな」という、アウトプットに対する感想だと思います。たしかに「それは悪手だろう」と思うことも、「一本取られた」と思うこともあります。しかしながらオウンドメディア担当に必要な視点は、ただアウトプットを眺めることではなく、なぜそういう手法を取ったんだろう？　どういう経緯を経てそのアウトプットになったんだろう？　とアウトプットの手前にいる人たちの「やりとり」を考えることです。その「妄想」こそ、オウンドメディア担当における「品性」を保つひとつの所作なのだと思っています。現時点で世の中にアウトプットしているコンテンツがベストかと問われれば、実態としては、いろんな制約を潜り抜けてようやく出すことができた「ベター」なものだと思います。そう考えると、今のアウトプットは「常に途上」なんですよね。そうであれば、オウンドメディア担当者がすべきことは、ひとつのアウトプットを見て、彼ら彼女らは「どこをベストだと思ったんだろう？」と考えることです。そして自身の担当するコンテンツにもその視点を盛り込んでいくことです。この繰り返しがオウンドメディアに品性を伴わせるのだと思っています。

ステップ8

つづくメディアの4つの前提

ここまで多くのページを割いて、メディアを立ち上げる際に押さえることから、コンテンツを考える上で大切な視点、コンテンツの評価軸についてお伝えしてきました。メディアをいざ立ち上げ、アウターとインナーの図を手元に置きながら運営しても、うまくいかないこともあると思います。コンテンツをただ出すだけで多くの人に読まれるならなんら苦労は要りません。やはりそこには広告的な仕掛けも必要です。KIRIN公式noteも認知を獲得するためのプロモーションは多く行ってきました。広告については、おそらく多くのメディアでマーケティング専門家からノウハウが語られていると思いますので、本書ではその点については深掘りはしませんが、それはそれとして、メディア運営をする上で、もうひとつ手元に置いておきたい「前提」があります。

それは「世界観」「テーマ」「背景」「愛情」の4つが徹底して一貫して可視化できているメディアは長くつづいているということです。私が『ことりっぷ』のWeb版をプロデュースしてた際は、メディア未経験者だったこともあり、とにかく世の中にある雑誌メディアやWebメディアを片っ端から見て、つづいているメディアの傾向をピックアップしていました。そこで出てきた共通点がこの4つが可視化されているということでした。

世界観というのは、先ほども出てきた言葉です。「メディアの文体」「写真・デザインの雰囲気」「取り上げられる人たちの傾向」でありその独自性がインナーから声がかかりつづける拠り所であり、そのスタートには「所信表明」があると書きました。老舗の雑誌『暮しの手帖』には毎号冒頭に「約束」が書かれています。このようにそのメディアが目指すものが、コンテンツ内容、デザインなど様々な要素を含めて、明示的にも暗黙知的にも伝わっているものが「世界観」と言えます。

テーマというのは「専門性」です。そのメディアがどんな情報に対して「深掘り」してくれるのか、という期待を生みうる専門性が掲げられていることです。この期待が根強い共感者を育み、ゆくゆく共犯者となってメディアやコンテンツを広めてくれる広告塔にもなっていきます。オウンドメディアではなかなか難しい観点でもありますが、どこを特に深掘りしているのか、をひとつの軸として設けることはブレないメディアづくりをする上でも大切です。自社の持つ資産と発したいメッセージを整理し、先述した「自由曲」の中で目立つ存在にすることで「専門性」は担保できると思います。

背景とは「説得材料」です。そのメディアがなぜそのテーマを追いかけているのか？その理由がメディア上で可視化されていることです。どんな背景を持ってそのメディアを立ち上げたのか、その特集を始めたのか？　オウンドメディアの場合、その企業の事業内容とメディア発信の結びつきがしっかりと伝えられると、メディアへの信頼にもつながります。

そして一番大事なのは愛情です。これは「主語を持って楽しんでいるか」ということです。そのメディアを通して伝えたい熱量が包含されているか、それが伝わってくるか、という視点です。ここがないことには他の3つの前提もかたなしとなります。それだけここは大切な視点です。

メディアを運営する際にはいろんなハードルが立ちはだかります。その度に振り返る視点としてこの4点を意識してみると良いと思います。

Owned

CHAPTER 5

オウンドメディアの「もうひとつの役割」

Media

CHAPTER 5 のポイント

●オウンドメディアが持つ6つの「副次的」な役割

- 社員が自身の仕事を「振り返る」きっかけとなる役割
- 企業のカルチャーを見直す役割
- コミュニティ的役割
- クリエイターを発信する役割
- 社内のスター発掘
- 強固な企業・ブランドとなるための「灯台」（拠り所）としての役割

前章では、「つづくオウンドメディアづくり」について、KIRIN公式noteの事例を用いながら、メディアの立ち上げ時に整理すべきこと、コンテンツ企画の際に持ち出す3つのベン図、評価指標における「タテ」と「ヨコ」、さらに精神論的な担当者の心構えのようなことまでお伝えしました。

ここからはオウンドメディアの「副次的」な役割についてまとめていきます。この章はあくまで実体験が元となった仮説に近いものであって、裏付けのある実践的な内容ではありません。ただこの仮説を残しておこうと思ったのは、オウンドメディアは本来的には一面的ではなく複層的であること、そしてオウンドメディア担当者の役割はメディアをつくるだけに留まらず、実は多岐にわたる役割を担える可能性があるからです。

従業員の「働く」を振り返るきっかけとなる役割

きっかけは部内の情報共有メールでした。

私がいる広報部門では、当然ながら当社について書かれた記事は1日に何本も飛んできます。ニュースメディアはもちろん、カルチャーメディアや個人のブログに至るまで、当社の商品や業績、人事関連の情報など、様々な角度から切り取られた記事がメールで流れてきます。一度に10本近くもの記事のURLが羅列されるメールの中、その記事は最下部にあってメール送信者からは「なんだか心温まる内容です」とコメントが添えられていました。

記事には、名古屋の人気老舗居酒屋「大甚本店」がコロナ禍でクラウドファンディングに挑戦し支援が殺到したことが書かれていました。丁寧に取材されたことがわかる記事であり、酒場愛を感じる温かくも臨場感のある文章で、思わず仕事の手を止めて読み進めることになりました。

(前略)「クラウドファンディングという言葉は聞いたことがあったけど、どんなものかは全然知らなかったんですよ」とは4代目・泰弘さん。59歳の居酒屋経営者として、これはいたって普通の認識といえるでしょう。そんな〝クラウドファンディングって何?〟状態だった泰弘さんが今回のプロジェクトに挑戦することになったのは、取引先であるキリンビールの営業マンからの提案がきっかけだったといいます。

「コロナ禍以来、苦労されているので何かできないかと思っていました。ただしクラウドファンディングはどの店でもうまく行くわけではない。大甚本店さんなら熱心なファンがたくさんいらっしゃるので、支援が集まるのではないかと考えました」とはキリンビール東海支社の辻本希光さん。多くの飲食店と取引のある同社ですが、クラウドファンディングの提案は全社でもおそらく初の試みだったといいます。（後略）
出所：「名古屋の超老舗居酒屋『大甚本店』。クラウドファンディングに支援が殺到した理由」（Yahoo！ニュース／大竹敏之）

幾分サラッと書かれた営業マンの声を読んで、身体にビビッと電流が走ったような感触に襲われました。これは絶対に追いかけなくてはいけないと、久々に思いました。その日のうちに伝手を頼り担当営業のメールアドレスを教えてもらい、すぐにメールをしました。その翌日か翌々日くらいにはオンラインで軽い打ち合わせをして、取材の段取りをつけ、1ヶ月後に取材にこぎつけることができました。

事前の打ち合わせで、この担当営業はまだ転職して1年足らずであること、前職も営業職ではあったものの違う業界だったそうで、現在もなお、右も左もわからない中で、脇目も振らず文字通り奔走していることがわかりました。

取材当日。はじめて対面で会ったその担当営業は、オンラインで話した印象以上に物腰がやわらかく、それでいてとても実直な印象を受けました。取材中の大甚の店主とのやりとりを見ても、両者の関係はとても良好に見え、店主の言葉の端々から、彼が信頼されていることがわかりました。終始和やかな空気が流れる取材で、年に何度か訪れる「最高の取材だった」と恍惚となるような手応えを感じていました。

1ヶ月後に記事が公開されると、取材時に感じた手応え通り、SNS上で多くの反響をいただき、好意的なコメントがSNS上で広がっていきました。さらにこの記事はSNS上の反響に留まらず、インナーからもたくさんの声が届きました。コロナ禍における営業の好例としてシェアされ、これまでnoteで出した記事の中でも特に多く社内で浸透した記事となりました。前章で、コンテンツの効果は「タテとヨコの面積」で測るべきだと書きましたが、この記事はまさにそういった視点で見ても好事例と言えると思います。

この取材記事が公開された日の夜、その担当営業からメールが届きました。

そこには、実直な彼らしく、クラウドファンディングの成果は〝これから〟見えることなので、今取り上げてもらうべきなのか悩んだという言葉がありました。その後には、転職して1年足らずの私が取り上げられても良いものか…という控えめな言葉が続きます。

それでも今回の取材を受けて「やってることは間違ってないと思うことができました」と

いうポジティブな言葉で締め括られていました。

取材をする時に心掛けるべきは、その取材記事が取材対象者にとって「代名詞になりうるか」ということだとお伝えしました。まさにこの取材は役割のひとつをまっとうできたのだと思います。

こんな風にお礼のメールをいただくのはオウンドメディア担当者冥利につきます。ただとても嬉しく思う一方で、転職して1年足らず、一所懸命に働きながらも悩みもがいていることも窺い知れて、少し苦しくもなりました。私は2度転職を経験しています。前職でも現職でも同様に、転職して1年くらいはやはり落ち着かない日々を過ごしました。前職までのスキルを期待されていると思って意気揚々と転職するものの、慣れない環境や新しい課題を目の当たりにして、自信が砕け散る瞬間を幾度となく経験しました。転職先に新しい「席」が用意されていればいいですが、そんなことはごくごく稀なことで、ほとんどは自分で席をつくっていくしかないんですね。そして転職してからしばらくは、どんな席をつくればいいのか、そもそも席を置くスペースはあるのか、そういったことに頭を抱えては、悶々とした日々を過ごすことになります。

世の中を見れば、これからも人材が流動していくことは変わらないでしょう。それはそれとしてオウンドメディアの役割に話を戻すなら、希望を持って自社に飛び込んできた方々にとって、格好の「自己紹介」の場としてオウンドメディアを活用することはできると思います。現に、そういった使い方をしているメディアも見かけます。記事を通じて、より多くのインナーとの接点をつくり、彼ら彼女らの「席」が見つかるきっかけとなることもありえると思います。これは転職者に限らず、新卒で入社した方々とのコミュニケーションの場にも展開できるやり方かと思います。

また、敢えてオープンにすることで生まれるコミュニケーションというのが確実にあります。取材される側も、社内のみで共有されるのか、記事として「世の中に出る」のかでは、まったく違う心持ちになります。どちらが良いという話ではなく、外に向けた言葉というのはやはり高揚するもので、ポジティブな気持ちを醸成します。会社の風通しを良くすること、ひいては企業の活性化にオウンドメディアが一役買うことも十分考えられるのです。

さらに言えば、こういった記事は当然ながら外から見てもポジティブに映ります。結果的に次の「ここで働きたい」人の獲得につながることも考えられます。

会社のカルチャーを見直す役割

外に出るメディアとして取材される、しかも5、000字強の記事になると、取材を依頼された人は皆一様に身構えます。そしてほとんどの人が取材時までにこれまでやってきたことの膨大な「棚卸し」をしてきてくれます。ありがたいことです。

取材を依頼する時は、企画の概要と大枠の構成案を提出するのですが、なるべく仔細の質問項目は出しません（もちろん、取材内容、取材対象者によっては必須となることもあります）。代わりに、ご自身がやってきたことがどんな風に積み上がって「今」に至ったのか？　そして「次」はどうなっていたいか？　といったことを考えてきてもらうようにしています。それは、2章でお伝えしている通り、noteは「Personal」「Process」のメディアだからということもありますし、実際にそういうところから出てくる個人的な言葉には力が宿るからなんですね。

なので、いわゆる社内外に提出するカチっとした資料では間に合いません。取材においいては、それはあくまで「参考情報」です。私たちメディアの取材チームが必要としているのは、その人の目を通して見てきた景色と、手と足を動かしてきた軌跡だからです。とはいえ、仮に商品ブランド担当の取材となれば、その人はブランドの代表として話すことになるわけです。個人的な思いだけでは語れないことも出てきます。ましてや歴史のあるブランドであれば、なおさらです。中には100年を超える歴史を持つ商品ブランドもあります。担当になってまだ1年くらい、ということだってあるわけです。外に出るメディアに商品ブランドを代表して個人として話すということは、言いようのないプレッシャーを感じることもあるようです。

取材中、ライターさんからの質問を受けて、「ちょっと待ってくださいね」と、この取材に備えて「棚卸し」されたメモがビッシリと埋まったノートを開き、一つひとつ言葉を丁寧に読み上げるようなシーンは幾度となく見てきましたが、その度に胸が詰まるとともに心の中でそっと頭を下げています。

そういう取材を経て記事がアウトプットされると、取材を受けた人たちからの反応としてよく出てくるのは、自身の仕事を振り返る良い機会になった、というものです。自身の担当する商品に対する知識がアップデートされたり、担当商品に思い入れが増したりするだけではなく、「次」が見えることもあるようです。

また、取材をするライターさんは基本的に信頼のおけるプロの方にお願いしています。これには理由があって、どうしても社内で完結しようとすると「外の目から見た興味」が濁ることがあるからです。さらには同じ組織にいる以上、取材時であれ、どこまで聞いていいの？　ここは聞いてはいけない、などと余計な「事前情報」が入ってしまうこともあります。オウンドメディア担当者は「転校生的な視点を持つべき」であることは既に書きましたが、そうは思っていても、実際のコミュニケーションでは「気を遣って」しまうこともあります。そういった事情を与しない方にお願いする方が「締まる」こともあり、お願いすることにしています。

ライターさんには目指す記事のイメージである「Personal」「Process」を聞き出してほしいということは共有しています。そうなると当社の事情などはお構いなしに、その人が「どう思っていたのか」をピュアにどんどん聞いていくことになります。社内ではあたり前とされているため説明が不要と考えていることを改めて聞かれると、必然的に一度立ち止まって「なんでだっけ？」となるシーンも時折出てきます。その後には「あ、そういえばこんなことを考えていたんだ」と個人的な思いが引き出されることもあります。そういうことがきっかけとなって言葉に熱が帯びてくることも多いように思います。

これは商品担当の話だけではなく、あらゆる取材対象者が、取材を通じて、なぜこの会社で勤め続けているのか、改めてその理由を振り返るきっかけにもなります。たとえば、4章で紹介した「#わたしとキリン」は、従業員の「働く」にフォーカスした企画ですが、この特集の副題を「第4の価値観」としています。キリンでは「熱意・誠意・多様性」という、働く上で大切にすべき3つの価値観が掲げられています。キリンで働いている以上、この3つの視点を持つことを意識することになるわけですが、当然ながら、その他にも個人的に働く上で大切にしていることはあるわけです。会社として掲げた3つの価値観以外に目を向けることで、キリンに通奏低音として流れている思想が見えてくるのではないかと思いました。取材記事を通して、その思想が垣間見れることが、社内外に向けたキリンの獲得したいイメージとして説得力を持つのではないかと思い、「第4の価値観」と名付けました。

取材対象者には、「4つ目の価値観を考えておいてください」と伝えて取材当日を迎えていただきます。これが結構タフな作業なようで、大抵取材当日まで悩んでもらっています。これまで約10名に取材していますが、それぞれにユニークな回答で毎回面白い結果となっています。ただそれ以上に面白いのは、それらの回答を通して見ると、なんとなくキリンという会社に流れる空気感というものが見えてきていることです。個人に迫り言葉を引き出すことは、会社にとって大切にしなくてはいけないカルチャーや思想を呼び戻す効果もあるように思います。

コミュニティとしての役割

noteには、唯一企業が広告的なアプローチをとることができる「コンテスト」というメニューがあります。特定のテーマを企業がスポンサーし、note上で作品を募集する形をとります。他のプラットフォームのように写真を撮るだけ、つぶやくだけで完結するものではなく、「Look at Story」であるnoteの場合は、基本的には長文の作品となります。なので、新商品を買って投稿しよう、といったライトなものは合いません。自身の時間を割いてでも「書きたい」テーマを設計することが必要になりますし、その設定したテーマが自社の獲得したいイメージにつながるか、企業としてのスタンスやビジョンが明示できるものなのかを考える必要があります。

KIRIN公式noteもこれまでに4回の投稿コンテストを行いました。はじめてのコンテストは「#社会人1年目の私へ」というテーマでした。2019年4月に始まったコンテストで、つまりKIRIN公式noteの前身であるキリンビール公式アカウントの立ち上げと同時でした。一見キリンとは関係のない内容です。このテーマにした理由には少し説明が必要そうです。

この企画は当初「社会人になった初任給でお世話になった人にビールを贈ろう」といった内容のキャンペーンが想定されており、その企画のWeb上の広告プランについて私宛に相談があったことが発端でした（当時はデジタルマーケティング部に所属しており、Webコミュニケーションのソリューションをする部門でした）。企画の趣旨を聞くと、社会人になった人たちを応援したいというものであり、そういった方たちからの好意形成にも結びつけたいという狙いがあるとのこと。その話を聞いて真っ先に思ったのが、「新卒の頃、そんな余裕ありました？」という疑問でした。自身を振り返れば、大学生活から一転した規則正しい毎日、慣れないスーツ、新しい環境への不安、など、とにかく「このままで大丈夫なのだろうか？」という焦りのような気持ちでいっぱいでした。さらに言えば、そういう時に「がんばれ！」「応援している」という言葉をかけてもらっても、「それどころではない！」というのが本音だったように思います。そんな話をしたところ、企画したチームの面々も同じような新卒時代だったとのことです。また、そもそもの視点として、大学入試やスポーツの大会のように、新社会人が決して共通の目標を持っているわけではないということもわかりました。置かれている環境にもよりますし、そもそも働くことに対してどういうモチベーションでいるかは人それぞれなわけです。当然と言えば当然です。

・不安でいっぱい
・とてもじゃないが余裕はない
・皆同じ気持ちではない

こんな状況下の新卒の方に「お世話になった人たちにビールを贈ろう」と声をかけるのは、ひょっとしたらネガティブにすら捉えられるのではないか？　と思いましたし、画一的なメッセージを送ることにも悩み始めました。そういうわけで企画は振り出しに戻りました。若干途方に暮れている中で、雑談がてらメンバーに「新卒の頃の自分にかけたい言葉ってありますか？」と聞いてみました。するとそこから一気に話に華が咲いたんです。自身の過去を振り返りながら多くの言葉が行き交いました。かける言葉は様々でしたが、概ね「なんとかなってるから大丈夫だよ」という前向きな言葉で締めくくられました。自分の過去に向けてならいくらでも声をかけられるということがわかった瞬間でした。

そこで閃きました。そうであれば、もしかしたら社会人経験のある人たちが社会人1年目の自分に向けた手紙を書くような場をつくり、それをオープンにすることで、その手紙自体が社会人1年目の方々に向けたメッセージになるのではないか？　と。皆それぞれ考えていることが違うという課題も、いろんな人の言葉が並ぶ場であれば解消されます。そこまで考えると、今度はその「場所」としてnoteというプラットフォームが浮かびました。

当時一気に頭角を現していたnoteは、私自身も個人で利用していたので、プラットフォームの持つ空気感は知っていました。noteは「Personal」「Process」のメディアです。当時はここまで言語化はできていませんでしたが、そういう空気は〝わかって〟いました。そうであれば自身の過去を振り返り語ることは格好のネタを提供できることにもなるかもしれない。そこまで思い至ったところで一気に企画は加速し、2019年4月に「#社会人1年目の私へ」という投稿コンテストが始まることになりました。企画の骨子としては、note上でコンテストを行い「社会人1年目の私」への手紙をため、次のフェーズとして、実際に社会人1年目の方々に向けてコンテンツ発信を行い、コンテストでゲスト審査員をしてもらった「社会人の先輩」とのトークイベントで大団円を迎えるという座組みでした。

当時は企業スポンサーの投稿コンテストもまだほとんどない時期だったと思います。どれだけの反響があるか不安ではありましたが、コンテスト開始から想像をはるかに超えた作品が集まり、毎日作品を見るだけで数時間費やすような日々が始まりました。その作品を見ていて思ったのは、この作品数の中から数作品しか受賞されないのはもったいない、という想いでした。日々流れてくるグッとくる作品たちをもっと見てもらう機会をつくるため、週に1度「ピックアップ投稿」をすることにしました。これは日々流れてくる作品の中から週に1度5作品をピックアップし、編集部からのコメントとセットで紹介記事を公開するというもの。この取り組みの効果はとても大きく、ピックアップされた方々がそれぞれのSNSで報告してくれるようになりました。その投稿を見たフォロワーさんからは、祝福の声とともに感想も添えられるようになりました。結果としてその取り組みが始まったことでコンテストの応募作品数はさらに伸び、最終的に3、000件を超える作品が集まりました。作品ページ、企画関連ページの総PVは50万をゆうに超える結果となっています。

また、自身を振り返るテーマは、投稿した方の人格が浮き彫りになるテーマだったこともあって、noteを書いた方同士の温かい交流がSNS上で起こりました。同じような境遇だった人、今は社会人1年目ではないけれど勇気づけられた人、そういう方々が声を掛け合う場をよく見かけました。さらには、この企画者である私たちに感謝の気持ちを込めて、自発的にリアルの場で集まったという話まで聞きました。そのイベントの様子はレポートとしてnoteでアップされており、社会人1年目のみならず、近い年齢の方々からの好意獲得に結びつけられる結果となりました。そして、そういった関係が生まれたことで、その後私たちが発信する記事にも好意的に反応してくれるようになりました。

このコンテスト以降、3回ほどコンテストを行ってきましたが、基本的な姿勢は同じです。今ではnote上で必ずと言っていいほどどこかの企業がコンテストを行っていて、私たちと同じようにコンテスト期間中も積極的にコンテスト応募者とのコミュニケーションを行っているように思います。

SNSでも投稿コンテストのみならず、ユーザーに投稿を促す施策をよく見かけます。よくあるのは「商品を買って投稿してくれれば抽選でプレゼントします」というものです。実際に集まった投稿を見ると、その多くが懸賞目的につくられたアカウントであることもよく見る光景です。もちろんその手法もひとつの役割を果たしているとは思いますが、私たちがSNS上のコミュニケーションを通じて実現したいことは、前向きに商品や企業のことをレコメンドしてもらうこと、もしくはその投稿を通じて主催者たる企業への好意が生まれることだと捉えています。担当者がまず考えるべきなのは、投稿者のSNSにおける発信のモチベーションや喜びはなんなのか？ ということを考えることです。noteであれば自身の背景を知った人とつながれる、というのがひとつのモチベーションであると思います。同じようにSNSでもターゲットとなる方にとっての投稿するモチベーションがあるはず。そこを見た上で寄り添う企画にすることが必要です。3章でご紹介したキリンレモンの投稿キャンペーンも、投稿した方のフォロワーさんたちに自身の思い出を共有することで得られるものがあるからです。人は人に興味がある、その前提に立った上で関係を構築していくことを心がけることです。

クリエイターとのつながりを大切にする

また、KIRIN公式noteでは、記事を一緒につくっていただいているライター・カメラマンを紹介しているページがあります。KIRIN公式noteを訪れた際に、すぐにそのページに飛べるように、トップページ上に「クリエイター」というナビゲーションを用意。ページ内では、これまで記事制作に携わっていただいた方をひとりずつ、写真とプロフィールとSNSのリンクをセットにして順不同で掲載しています。一緒にnoteをつくっていただいているクリエイターさんへの感謝の気持ちを表したいという個人的な思いがベースにはありますが、noteというプラットフォームがクリエイターの街であることもページ作成の理由でした。

noteではクリエイターが積極的に交流します。つまり、私たちの記事を見た人と、その記事をつくった人との間に新しいコミュニケーションが生まれるかもしれないわけです。もしかしたら私たちと同じような企業のオウンドメディア担当者が見て、その後仕事につながるかもしれない。そういう可能性を少しでも広げることも担当者の役割だと個人的には思っています。既に書きましたが、ライター・カメラマンも今はSNSを使って積極的に発信を行っています。そういった方たちと良好な関係をつくりつづけることは、メディアのクオリティ維持だけではなく、メディアの拡張にも確実に寄与していきます。

投稿コンテストにおける〝やりとり〟も、クリエイターとのつながりにおいても言えるのは、オウンドメディア担当者の重要な役割のひとつは、メディアの関係者を増やし、関係を構築・維持・拡張していくことです。それらしい言葉で言い換えるならコミュニティマネジメント。そのメディアならではのコミュニティ的な関係をつくり育てる役割もオウンドメディア担当者は担う必要があります。その関係は、同心円状に広がるオウンドメディアにあって、つづける上で大きな助けにもなってくれます。

スターの発掘

本書で何度か登場している「KIRIN BEER SALON」ですが、この取り組みが始まったのもnoteと同じ2019年だったことはお伝えしました。この取り組みにも、オウンドメディアの「もうひとつ」の役割が寄与しています。

このサロンの講師であり主宰者の草野裕美さんは、キリンビール横浜工場で定期的に行われていた「ビールセミナー」の講師でもありました(※2023年1月時点では、工場でのセミナーはオンラインに切り替わっています)。2019年当時のビールセミナーは、ありがたいことに常連の方が多く参加していただいていたのですが、反面新規のお客様の獲得に苦戦していました。また、若い年齢層にもっとアプローチしていきたいという課題もありました。

この課題に対して、Web上の取り組みで解決する方法を模索するために相談がありました。そこでまずはセミナーの現状視察のために、お客さんとして参加することにしました。

た。参加したセミナーは「世界のビールを知ろう」といったようなタイトルだったように記憶しています。参加してまず衝撃だったのが講師の草野さんの圧倒的なビールの知識量。実際に自分の足で世界中を歩き回ってビールを飲み尽くしているというから驚きました。さらにはその知識量に負けるとも劣らない深い深いビールへの愛情。知識があるのに決してギークには走らず、敷居を下げてビールの多様さ・自由さを伝えるその姿は、否が応にも参加者をビール沼に引きずり込みます（私は完全に引き込まれました）。そして何よりお客様とのコミュニケーションの巧みさと温かさ。2時間程度のセミナーはあっという間で、終えた後はしばらく惚けてしまうほどでした（軽く酔ってもいましたが）。要は講師の草野さんがとても輝いて見えたんです。

セミナーの課題である「新しい接点×若年層」で考えれば、たしかに立地のビハインドはあると思いました。後は「セミナー」という立て付けがどうしても一方通行のような感じを受けます。翻って、世の中的にはクラフトビールが、特に感度の高い若年層の間で徐々に火が点いている空気もありました。草野さんの圧倒的な知識量であれば、ビールにハマり始めている若い世代の方も楽しむことができる場はつくれると思いました。さらに草野さんの人柄を見れば、セミナーのような「点」の接点ではなく、長く関係をつくれるような場所の方が合うのではないか？　ということも予想できました。当時は「ほぼ日」

が「ほぼ日の學校」というコミュニティを立ち上げて盛り上がっていましたし、その他にもいくつかのラボやサロンが続々と立ち上がっている時期でもありました。このような世の中的な空気を受けて、講座と参加者同士の横のつながりを組み合わせた「KIRIN BEER SALON」を立ち上げることに。講師の草野さんと、私を含めた3名の運営メンバーという、たった4人の小さな挑戦が始まりました。

この取り組みはnoteとセットにすることは当初から考えていました。クラフトビールなどのカルチャーにも感度があり、コミュニティに積極的に関与してくるであろう若年層であれば、noteでコミュニケーションをとることが最適だと思いました。まずはメンバーの募集記事をnoteで出しました。読者は草野さんのことを知りません。さらにはキリンが立ち上げるサロンということで、一種のファンコミュニティのように捉えられてしまうことも危惧していました。前章でも紹介していますが、そういった背景もあり、募集記事ではこれらを払拭するため、草野さんのビール愛・人柄が出るインタビューの形をとることと、対談相手としてフラットな視点を持つビールライターの方をアサインし、おふたりでビールの魅力と可能性について語っていただく形をとりました。

さらに、noteクリエイターの中から、私たちがぜひ参加してほしいと思っていた空気を持つおふたりの方をアンバサダーとしてお招きし、サロンのレポーター役として立てることにしました。このおふたりに近い空気感を持った方たちからの応募がくることが期待できました。蓋を開ければ、募集開始した日に募集人数上限を超えるほどの応募をいただきました。年齢層の7割が20代で占められており、目標としていた若年層対策も攻略できた格好となりました。

サロンはクローズドなコミュニティなので、その中の熱量が熱くても、外から見ると効果が限定的に見られがちです。その熱量を誰もがわかる形に「可視化」させることが大切で、可視化された熱量を誰もがわかる数値に変換することで、クローズドな取り組みの効果を押し広げることに寄与できます。今回のサロンで言えばnoteを起点に集まったメンバーですから、Twitterとの相性も良いことは予想できていました。なので開始当初から参加者には「#キリンビールサロン」をつけてSNSでシェアすることを推奨していました。予想通り、そういったノリも非常に良い参加者でしたので、毎回講座の度にTwitterで「#キリンビールサロン」は画面上で踊ることになりました。その後の取り組みや効果は前章の通りです。

オウンドメディア担当者が常々考えなくてはいけないことは「誰が語ることが説得力を持つのか」です。同時に、どうやったら無理なくコンテンツが広がるのか、読者とつながり続けられるのか、ということを考えることでもあります。

そういった意味では、社内の新しいスターを発掘することもオウンドメディア担当の役割であると捉えることもできるかと思います。講師の草野さんは、その後「KIRIN BEER SALON」のみならず、他メディアでゲスト出演したり、公式Ｉｎｓｔａｇｒａｍのライブ配信でビールのイロハを伝える役割を担ったりと、方々から声がかかるようになりました。

社内のみならず、声をかけられるクリエイターとの接点を持つことも大事な役割です。先述したコミュニティマネジメントとしての役割は、こうした形で功を奏してきます。

「灯台」としての役割、「祭」としての機能

オウンドメディアは、世の中に合わせて「企業からのメッセージ」を伝えることである以上、端的に言えば「〝企業〟を〝人〟として言葉を効果的に発すること」を考えることでもあるわけです。そういった意味では、オウンドメディア運営そのものは、極めて小さな領域ではあるものの、企業文化とは何か？　どうやったら育つのか？　どうしたらより良いインパクトをもたらすのか？　といったことを常に考えるポジションでもあります。

パナソニック社長がnoteで発信していることはお伝えした通りです。「トヨタイムズ」もそうですが、いよいよトップも自らの声で、内外問わず言葉を伝えていくことが必要な時代になってきているということでしょう。そういった傾向を踏まえて、個人的には、オウンドメディアの発信を「灯台としての役割」とするか、「祭としての機能」と捉えてボトムアップ的に声を集めるのか、現段階では二方向があると思っています。

灯台、祭。どういう意味でしょうか。その説明をするために以前取材させていただいた企業の話をさせてください。取材先の企業からは、事前情報として、創業から現在に至るまでの歴史がわかる書籍や社内報などをお借りしていました。そこで見えたその会社の空気感と実際に取材として企業に足を運んでみて感じたのは、創業者の声が今でも社員の拠り所になっているということでした。

事前情報では、創業者の言葉を集めた手帳があることがわかったり、社内報のトップは創業者の言葉から始まっていました。企業に足を運べば、創業者の社長時代の社長室を再現した資料室までありました。社員の方の話を聞いているとその端々に創業者の思想が根付いていることもわかりました。創業者の存在そのものがその会社のカルチャーでした。それが押し付けではなく、しっかりと継承されているのもわかります。そんな会社の人たちの話は聞くほどに清々しい気持ちになりました。この清々しさのひとつは「一貫している」ということなのでしょう。創業者の掲げたメッセージ・ビジョンを拠り所にしながら事業を積み重ねているその姿には、一貫した美意識があるようにも見えました。

強い創業者がいる企業は他にもあります。先述したトヨタもパナソニックも創業者の存在はカリスマとして今でも企業内外で光っています。『暮しの手帖』の花森安治さんもそうですし、ユニクロもソフトバンクもそうでしょう。そういった企業にあって、コーポレートとしての発信を考えるのであれば、そのひとつが「灯台としての役割」になるのだと思うのです。トップの言葉を行き渡らせることが内外に向けた発信には効果的。とてもシンプルです。

その一方で、これだけ流動的な時代にあって、トップダウンだけでは足りないことも自明なことかと思います。人材も流動的ですし、事業もよりスピード感を求められます。「幅広い目」「新しい目」を持つことを許容し推進する必要性もあるかと思います。そういった「自由さ」を、オウンドメディアに置くことで「祭としての機能」になりえるのではないでしょうか。つまり、自由闊達な視座を持つ従業員の声をひとつの場所に「公平に」集め続けることで、ボトムアップ型の〝うねり〟を生み出す機能になりえるのではないか、という仮説です。誰かの自由な発想に神輿をかつぐ人が現れて、それがひとつの気運となり、企業文化を動かしていく、そんな「祭」的な側面を常に持ち合わせるようなことが、オウンドメディアのひとつの機能として持つことができたなら、それはサステナブルでヘルシーな企業文化をつくり得る可能性があるのではないでしょうか。

さらに言えば、コロナ禍以降、人と会わずに仕事を進めることができるようになり、今後はより一層「意識の統一」はしづらくなってくると思います。大きな拠り所を「過去」に持つ企業であってもそれは避けられないと思っています。そういった中にあって、的確な言葉を生み出し交換できる場所を与えうる組織風土をつくることがより求められてくるでしょう。そしてその風土づくりや企業文化について目を向けられる企業が、長い目で見て、「強いチーム」、もっと言えば強い企業ブランドをつくり得ると、個人的に思っています。そのための「拠り所」をオウンドメディアが担う可能性は十分にあります。そしてオウンドメディア担当者は、1メディアの役割を超えて、コーポレートブランディング、インナーブランディングにおいても役割を果たす立場になってくる、そういう時期がすぐそこまできているように思います。

Owned Media

CHAPTER 6

オウンドメディアのこれから

CHAPTER 6 のポイント

● 〝つづく〟メディアとなるための3要素「書き手を増やす」「置き場を増やす」「巻き込む人・企業を増やす」

・書き手を増やす：「共感する人々が集まる〝場〟」＝「マルシェ化」

・置き場を増やす：「プラットフォーム」と「オフィシャル」双方にコンテンツを置く

・巻き込む人・企業を増やす：他部門、有志、他社を巻き込む

● 常に「新しいことを起こしていく」意識が〝つづく〟オウンドメディアには重要。そのために、「世界観」を明確にして共有し、手離れの良いコンテンツをつくる

いよいよ最終章となりました。前章ではオウンドメディアの「もうひとつの役割」として、主にインナーに視点を置いた可能性やコミュニティ的な側面におけるメリットをまとめていきました。とはいえ、まだまだ〝足元〟では壁が立ちはだかっていると思います。

それは「数字」の壁です。多くのオウンドメディアがクローズする理由は「費用対効果が見合わない」ことと、「社内の理解が進まない」こと、概ねこの2つに集約されると思います。

オウンドメディアを立ち上げ、コンテンツを量産するだけではなく集客もしていくとなれば、当然ながら費用はかかります。加えて、量だけでなくコンテンツのクオリティを目指すほどにさらに費用はかかっていきます。

コンテンツの評価を「タテ（ストック性）」と「ヨコ（他展開）」の面積の総和で考えるべきだと伝えましたが、その価値を誰もがわかる「数値」に変換できるものなのかと問われれば難しいわけです。オウンドメディアのコンテンツは「ストック性のあるコンテンツ」と言えば聞こえは良いですが、そのストックされた記事がいつ誰の目に触れて成果につながるかは未知数であることが多いからです。

また、文章を中心としたオウンドメディアでは、届く読者数にも上限はあります。これだけテキストコンテンツのみならず動画コンテンツが多くのプラットフォームやSNS上で溢れている時代にあって、わざわざ企業が発信しているコンテンツに興味を持って追いかける読者を獲得しようとすれば、どうしてもその上限は見えてしまいます。メディアを通じた直接的な購買をゴールとしないオウンドメディアであれば、どこまでいってもこうした「数字」の壁が顔を出してきますし、社内の理解が進まないケースも多いように見受けられます。

いかに社内からコンテンツ化を渇望されても、読者が一定数ついたとしても、それだけでは「つづけられない」こともあります。オウンドメディアをつづける理由やその価値についてはこれまでの記事で語ってきましたが、それを持ってしても「数字の壁」はつきまとうわけです。

ここから見える解決策について、すべてのオウンドメディアに適用できるであろうノウハウは、正直申し上げてご提示できそうにありません。オウンドメディアにおける役割によって、目指す姿の濃淡があることと、Webの潮流も変わり続けているからです。何より、私が見ているメディアもその壁を乗り越えているかと言えばまだまだイエスと言える状況ではないからです。

ものすごく弱腰な言葉を並べてしまいましたが、とは言え、「つづける」という視点に立ち返れば、具体的なコンテンツづくりにおいて、やれることはまだまだあります。最終章である本章では、オウンドメディア担当者が、明日からでも手と足を動かしてアクションできる施策についてまとめていきます。

できることは主に次の3点。「書き手を増やすこと」「置き場を増やすこと」「巻き込む人・企業を増やすこと」です。書き手を増やすことで、コンテンツにかかる費用をゼロに近づけていくことができます。置き場を増やすことで、コンテンツの総接触数を増やすだけでなくストック性の価値を高めていくことも可能性として見えてきました。また巻き込む人・企業を増やすことで、そのオウンドメディアの必要性を高めつつ手離れのいいメディアにし、新しい読者を引き連れてくることにも寄与しています。それぞれについて詳しく追いかけます。

書き手を増やすこと

KIRIN公式noteの「#今日はキリンラガーを」という企画は、キリンラガービールを愛する従業員からの寄稿と、人気クリエイターによるキリンラガービールの物語をリレー形式でつないでいく連載であることはお伝えしました。

この取り組みでは、従業員によるラガー愛溢れる寄稿が予想以上によく読まれました。特にキリンビール公式Twitterでシェアした時には、フォロワーさんから「私も昔から好きでした」「今でもキリンラガー一択です」といった温かい言葉が続々届きました。それればかりか、こちらから声をかけずとも従業員のエッセイを見たクリエイターさんから手が挙がり、その方のnoteアカウントからも投稿をしていただくことになりました。もともと商品に歴史があり、コアなファンが多くいることはもちろんですが、仕掛け方ひとつでコンテンツは広がっていく可能性があることを示した好例かと思います。何より従業員の寄稿にかかる費用は0円です。

KIRIN公式noteも徐々に書き手を増やしています。そして面白い傾向として出てきているのは、先述したキリンラガービールの企画と同様に、従業員が書いた文章は荒削りであっても、しっかりと反響が出るということです。3年間noteを運用してきて閲覧数の上位を並べると、その多くが「一人称」です。また、この取り組みはインナーにも効果があります。ふだんの仕事で使う資料等では「わかりやすく削ぎ落とす」ことを徹底している立場からすれば、数千字にわたって自身の内奥と向き合った文章を目にする機会はほとんどありません。言葉にされたことで、同じ組織内の連帯感が高まることも期待できます。

社内に書き手を見つけ増やしていくことは大切な方向性ではあるものの、では闇雲に増やして垂れ流しにすればいいかと言えば、それはやはりメディア棄損にもつながってしまいます。オウンドメディアをオウンドメディアたらしめる「世界観」を維持しながら、書き手を増やしていくことが必要です。要はそのオウンドメディアに合わせた文脈に編集をすることが重要になってきます。最終的にはこの編集機能をインハウスで持つことが理想です。と同時に書き手に対するエデュケーションも必要になってくると思っています。

そうは言っても、ここにもまた壁があります。「文章スキル」をあげることを組織として行うのであれば、それが「必要なスキル」であるというコンセンサスをとる必要も出てくるでしょう。ただ、個人的な見解を加えさせていただければ、今後より「文章スキル」は求められると思っています。コロナ禍で顕著になったのは働き方の見直しです。ヤフーは2022年1月、社員一人ひとりのニーズにあわせて働く場所や環境を選択できる人事制度「どこでもオフィス」を拡充すると発表しました。働く場所を選ばず対面の機会が減っていくことになれば、より一層テキストコミュニケーションの必要性は高まってくると思います。そして4章で「品性のガバナンス」について書いた通り、より組織の一体感を生み出すために、インナーコミュニケーションの方法を再考するフェーズになったと思っています。そういったことを鑑みれば、文章で人を説得することは、社会人の持つべきスキルとして備えることは必要不可欠になってくると思います。そういった意味では、オウンドメディア担当者のスキルそのものが企業内においてより重要性が増してくると見ることができます。

話を戻します。書き手を増やすのは、何も従業員だけに留まりません。4章でお伝えした「#日本産ホップを伝う」では、キリンからの発信のみならず、同じビジョンを持ち、取り組みをともに行っている遠野のプレイヤーの方からのnoteを一緒にまとめたことで、ニッチなテーマにもかかわらず、コンテンツの広がりを感じた施策となりました。このように、自社から発信するだけではなく、一緒に発信してくれる人を見つけていくことと、そういった方の発信をまとめる場所の編集ができるのもオウンドメディアの可能性のひとつです。特に個人のアカウントが中心のプラットフォーム上ではその仕掛けがしやすいと思います。

同様の事例に「杜の都のビール学舎」という特集があります。これはキリンビール仙台工場が行っている大学生向けのインターンシップをドキュメンタリー形式で追いかける連載企画なのですが、このマガジンページには、キリン公式のレポート記事と一緒に、学生さんの個人アカウントから発信されたレポート記事も並んでいます。学生さんの目から見たインターンシップのリアルが並ぶことで、より臨場感を伴って伝わるだけでなく、インターンシップの定性的な調査としても、機能すると思いました。実際に学生向けには、事前に文章講座を行い、文章を書く上での簡単なノウハウを私から伝えました。それを行ったことで、上がってきた記事は、しっかりと構成が練られており、こちらがうなるほど感性の鋭い文章にも出合えました。

このように、noteにおいては、自社からの発信のみならず、書き手を方々から見つけてきて一緒に盛り上げるやり方もあります。多数の露店が軒を連ねる「マルシェ」のようなイメージでしょうか。看板だけは自社が掲げるテーマで拵えておき、その「近くにいる人たち」を集めて発信する機会（露店）を創出するようなイメージです。本来的に、オウンドメディアは企業からの「一方的な発信の集合体」です。その枠組みを外し、共感してかかわってくれる方々の声が集まる場に変容させることで、発信起点であるはずのメディアが「場所」として自走し始めていきます。そういった「場所」のスタイリングを行い、コミュニケーションを創出することも、オウンドメディア担当の重要なスキルになっていくようにも思います。そしてこれらの取り組みはすべてコンテンツ制作費を削減することにも寄与しています。

置き場を増やすこと

ここまでは主にｎｏｔｅの取り組みについてお伝えしてきました。ただｎｏｔｅはあくまでプラットフォーム上におけるコンテンツ展開です。読者が既にいる点、長文が受け入れやすい点、Ｗｅｂページ制作コストはかからないという利点はありますが、あくまでプラットフォーム上での発信です。

アパレルブランドで言えば、「デパートに出店」している状態です。デパートに入るお客様の状況や隣の店舗の動向によって、出店内容を変える必要があります。つまり、発信内容の方向性は読者に寄りかかる傾向が出てしまうということです。そう考えれば、オウンドメディアにおける一丁目一番地はやはり「企業Ｗｅｂサイト」であり、企業としてのメッセージを真っ先に届けなくてはいけない読者は「当社を指名」していきている方々になるかと思います。


既に3章でも語っていますが、キリンでは２０２１年の夏からｎｏｔｅ記事を企業Ｗｅｂサイトに転載する取り組みを始めています。

これらコンテンツへの入口は企業Ｗｅｂサイトのトップ。要は、当社を目指して来た方に一番はじめに目に入る場所にｎｏｔｅコンテンツを置いていることになります。企業についで知りたいと思ったお客様が一番はじめに訪れる場所が企業Ｗｅｂサイトです。そうであれば商品情報・企業概要の無機質な情報だけではなく、私たちが何を目指しているのか、どんなことを考えているのかについて発信されている〝人格〟のあるＷｅｂサイトとすることで、お客様の意識は変わるのではないか、その仮説の元に転載を始めました。

この取り組みが早くも効果を出し始めています。企業Webサイトにきたユーザーからの流入がしっかりと一定数あること、そしてSEO的にも効果が出ていることです。企業Webサイトに転載した記事の方がより検索結果の上位に表示され、読者増に寄与しているのです。ストック性のあるコンテンツとしての価値が見え始めています。また、企業Webサイト訪問者に対する定性調査の結果においても、「造り手の思いを知ることができて、よりキリンに愛着が湧いた」といったポジティブな感想が多く寄せられています。

巻き込む人・企業を増やすこと

❶他部門を巻き込む

KIRIN公式noteでは、「ファンケルとキリン」という企画があります。実はこの企画については、私はほぼタッチしていません。以前別の企画で取材した従業員から、自身の仕事の領域の中でファンケルとのシナジーを伝える方法としてnoteを活用したいという申し出をいただきました。その話をもらった時には、既に企画の骨子はできあがっていました。この連載の冒頭はこんな書き出しで始まります。

２０１９年、キリンホールディングスとファンケルは資本業務提携を結びました。〝食と医のキリン〟と、〝美と健康のファンケル〟。両社がタッグを組むことで、どのようなシナジーが創出されるのでしょうか。両社の共通項や企業文化を紐解き、互いに補完しあうこれからの可能性を探ります。

この文章は、提案された時点の資料に書かれていた内容とほぼ同じです。「可能性を探る」という視点からｎｏｔｅ特有の「Process」を踏まえていました。そしてファンケル、キリンともに「個人」が自身の解釈を交えて語り合う点に「Personal」が備わっています。また必然的に両者が目指すことはソーシャルイシューを含みます。「Social」も入った視点で語り合うことで、より企画が骨太になっており、芯を食っていると思いました。

何度も申し上げている通り、オウンドメディアに必要なのは、インナーから「そこに出したい」という声がかかり続けることと、そのために必要な「世界観」を維持することです。世界観があれば、このようにフィットする案件が飛び込んでくるようになり、同時にフィットしない案件を遠ざけることにもなります。案件を進行する上でのコミュニケーションコストはますます下がっていくことにもつながります。この企画の発案者をｎｏｔ eで一度取材し、世界観を共有できていたことで、このようにスムーズに進行することができたのだと思います。私がしたことと言えば、企画案を制作パートナーに引き渡したくらいです。

結果としてこの企画は連載企画として立ち上がり、現在も頻度こそ少ないですが連載を続けています。noteで上がった記事はファンケルのオフィシャルサイト上にもnote記事へのリンクを設け「入口」をつくりました。ファンケル公式SNSでもシェアするフローも確立しました。こうして複数のメディアや企業を巻き込むことも、つづけるためのひとつの糸口です。

また、複数の関係者と始める企画は、オウンドメディアに陥りがちな「ひとりよがり」を遠ざけます。さらに言えば、こうした他部門と連携した企画は、結果に対して「共通言語」で話すことができます。共通言語で話すことができれば、オウンドメディアに対して他部門が求めていることや、課題点などが可視化され、よりオウンドメディアへの理解が社内に広がり深まっていくことにもつながります。

❷有志を巻き込む

キリングループには「キリンアカデミア」という有志団体があります。いわゆる企業内大学のようなもので、「キリンで挑戦志向の風土をつくりたい」という想いのもと、若手社員4名で結成。若手・ベテラン・本社・地方問わず学びを共有する場を提供することを主たる活動として、2019年から本格稼働し始めました。定期的なイベントを繰り返しては、徐々に社内外で多くの人を巻き込み成長し、コロナ禍で開催したオンラインのイベントには500人が参加するほどの大きな組織になっています。

こうした「熱源」はオウンドメディアとも相性がよく、先ほど紹介したキリンアカデミアメンバーと一緒に「CSVチャンネル」という連載企画をnoteでスタートさせることにしました。

CSVやSDGsは、世の中の潮流もあり、従業員一人ひとりが意識はし始めているものの、所属する部門においては、なかなか通常の業務との結びつきを見出すことが難しいといった声がありました。2027年のビジョンである「CSV先進企業になる」を実現するためにオウンドメディアでできることは何か？　議論を繰り返し、そこに至るまでのプロセスをnoteで追いかけていくという大枠の方向性は固まりました。そこで白羽の矢を立てたのが「キリンアカデミア」でした。若手の有志と一緒に、「CSV先進企業になる」とはどういう状態なのか、その時キリンはどういう会社に見られていたいのか、自身はどんなことをしていたいのか、現時点で足りない視点は何か、そういったことを他社さんを巻き込んだトークイベント等を通じて一つひとつ解決していく座組みを用意しました。そこに若手社員の目から見た「実際的」な声を載せることで、同じような世代で同じような課題感を持っているnote読者ともつながりが強くなり、そういった声はインナーにも響くという見立てのもと、企画を始めることにしました。

この取り組みが始まると、今度は「キリンアカデミア」のメンバーがnoteを個人アカウントで立ち上げては、より個人的な言葉で発信し始めるようにもなりました。その言葉もnoteの「マガジン」に格納することで、よりリアルな「場」として機能し始めています。

❸他社を巻き込む

2019年にnoteで法人向けプランの「note pro」が立ち上がって以来、一気に法人アカウントの数は増え、現在も順調にその数を伸ばしています。「街」と例えられるnoteにあって、法人アカウントはどのように振る舞うべきなのかは、企業アカウントすべてが悩み続けていることだと思います。

個人的な考えではありますが、こうしたプラットフォームにおけるオウンドメディア運営で考えるべきことは、目立つことよりも「馴染む」ことだと思っています。そういった意味では、前章で紹介したような「#社会人1年目の私へ」のように、私たち企業からの発信を受けて、立ち止まり考えるきっかけになるようなことや、コンテンツを通じて考えたことを発信したくなるような仕掛け方をしていくべきなのだと思っています。何度かお伝えしている通り、コンテンツよりもコミュニケーションを考えるべきです。

そうした中で一社でそれをやりつづけることは、なかなかタフなことでもあります。せっかく同じ「街」にいるのであれば、「テナント」同士、デパートの催事のように、何か一緒に企てをすることで、街に住む方々からも「何やら面白い催しがやっているから覗いてみるか」と興味本位でも良いので接点を持ってもらうことにつなげられると思います。また、noteという街の特性を見た上で選んだ企業さんであれば、同じように、丁寧で誠実な言葉で住民に近づきたいと思っているはず。もしかしたら「性格」も似ているかもしれません。そうであれば、何か企てることができるはず。そう思っている中で、同じ思想を持ったポプラ社さんとつながることができました。

2019年当時、キリンビール公式アカウントでは、「これからの乾杯を考える」をテーマにして、「乾杯の時間」が彩るお酒の楽しみ方を記事にしていました。対して、ポプラ社さんは「つながる温かな想い」を大切にして、作家さんと本づくりを行ってきました。人生の物語が詰まった「乾杯」と、人のドラマを描く「小説」との相性の良さをお互いに感じ、乾杯をテーマにした小説をポプラ社さんと一緒に企画することにしました。

この企画をお願いする作家さんについては、ポプラ社さんから、とても素敵に「食」を描かれる当時新人作家の冬森灯さんを推薦していただきました。事前に処女作を読ませていただき、食と人の関係をとても温かいタッチで書かれていたこと、そして何より食事の描写がどれも本当においしそうであったこともあって、前のめりで執筆をお願いすることにしました。私たちから趣旨を説明してから1週間後にご提案いただいたタイトルは『うしろむき夕食店』。一見ネガティブに映る言葉ですが、理由がとても素敵でした。「人生でつまずいて悩んだ時には、案外これまで歩んできた道の中にヒントがあったりするんです。そういうことを伝えたくて」というお話を聴いた時には、思わず鳥肌が立つほど感動したことを覚えています。

冬森さんに書き下ろしていただいた『うしろむき夕食店』は、キリンのnote上で5

回に分けて連載をすることにしました。同時並行でポプラ社さんのｎｏｔｅ上では、編集の裏側をお見せするという企画に。そして最終的には、ポプラ社さんから書籍として発刊する流れをとりました。

この企画はありがたいことにとても温かい反響をいただきました。何より、この企画を通じてポプラ社さんが新しい読者を連れてきてくれましたし、キリンのｎｏｔｅ自体にも、温かい空気が流れ、接点を持ってくれた読者の方たちに、いやらしくなく当社の伝えたいことがメディア上で表現されることになりました。

足を止めない

「書き手を増やすこと」「置き場を増やすこと」「巻き込む人・企業を増やすこと」について、実践してきたことを中心にまとめてきましたが、端的に言えば、これらは社内外の関係をどんどん増やし、手放せるものは手放していくことでもあります。インナーからのオーダーに応えること、ＫＰＩを目指すことももちろん大事ですが、放っておくと記事を回すだけで精一杯になってしまいかねません。そうなると「次」がどんどん遠のくばかりか、新しいアイデアも出てこなくなります。オウンドメディア自体、やれることがまだまだたくさんありえる中で、特定の領域の発信だけ続けてKPIを目指しても、それはともすれば、ただ部分最適を繰り返している可能性もあるわけです。まだこれといった「成功の型」がないオウンドメディア運営の場合、足が止まる状態はすなわちリスクです。

それよりも、オウンドメディア担当は「新しいことを起こしにいくこと」をしっかりと意識して動くことです。そのアクティブさが、社内外から見たら「勢いがある」「面白いことができそう」、もっと言えば「できていないことができるかも」という期待につなげることができるわけです。

ただ、手放すと言っても、肝心のアウトプットが伴わなければ、早晩に踊り場を迎えることになります。そこを守るために肝心なのが、何度も登場してきた「世界観」なのだと思います。メディアの目的や目指す姿を言語化し、立ち上げ当初から相応のクオリティを担保してアウトプットしておくことは必須です。

KIRIN公式noteにおいては、私がもともとメディア出身ということもあり、私自身が執筆をしてメディアの方向性を指し示したことと、素晴らしい制作パートナーに協力いただいたことでクオリティを担保することができたことが、後の「手離れのよさ」につながっていると思っています。

note上の書き手を増やす「マルシェ化」、企業の「一丁目一番地」にコンテンツの置き場所を追加すること、企業を巻き込むこと、これらはあくまで私たちの事例です。これらの事例から見えることは、オウンドメディア担当の役割は、コンテンツをただ丁寧につくることだけではなく（それも重要な役割ですが）、「どこに接点があり得るのか」を考え、「その接点と企業が伝えたいことの整合性」を見出し、「より伝わるためのコミュニケーション」を企画し、「接点をつなげるための可能性」を考えつづけることでもあると思っています。

オウンドメディア担当者は、時に営業のように、時にコピーライターのように、時にマーケターのように振る舞うことが求められる役割なのです。

立ち戻る拠り所

本書もいよいよ最終コーナーをまわりました。ここまで、オウンドメディアの変遷から現状、つづけるために必要な視点から担当者の役割までお伝えしてきました。とは言え、ここまで私が伝えてきたことは、私自身のごくごく少ない経験から積み上げてきた「実感値」がベースとなっています。オウンドメディア自体の歴史は、紙のメディアを含めれば非常に古いものの、本書でページを割いてまとめてきた2010年代以降のオウンドメディアに限ってみれば、歴史が浅いだけではなく、ここ数年の新しいタイプの「社会主語」のオウンドメディアの出現もあり、役割や目的がどんどん複雑化してきています。そういった潮流の中にあれば「数字の壁」のみならず、つづける上で悩み迷うことは多くあるように思います。本書を通して少しでもその解決に向けたヒントになれていれば良いですが、私自身日々悶々としながら新しい仮説を拵え、様々な施策を打ち続けている(そしてまた反省を繰り返している)くらいなので、正直申し上げて、あまり自信はありません。

最後に何をお伝えすべきかとても悩みましたが、私自身がオウンドメディア運営をしている上で、悩んだり迷ったりする際にいつも拠り所にしている、個人的なエピソードをお届けして、本書を締めくくりたいと思います。

私は今、とある眼鏡屋さんの「コラム」を毎月書かせてもらっています。この眼鏡屋さんとの出合いは約5年前。友人から薦められて眼鏡を新調しようと伺ったのがきっかけでした。

こだわりが感じられる内装から、テーブルに並ぶ好みの眼鏡たち、そして何より店主の眼鏡愛を感じるその素敵な人柄に一瞬で惚れ込んでしまいました。

そんなこともあり、素敵な眼鏡を買えた高揚感もあいまって、帰ったその日にその眼鏡屋さんについてのブログを書きました。

ご存知の方も多いと思いますが、眼鏡は買った当日には手に入らないこともあります。自分の視力に合わせたレンズをつくり、フレームに入れて完成します。だから買った日から1週間から2週間くらい経ってから自分の手元に届くことになります。

買った日から2週間後、つまりはブログをアップしてから2週間後に、完成した眼鏡を取りに改めてその眼鏡屋さんに行きました。お店に入るなり店主から「ブログ読みましたよ」と言われました。そして「すごく良くてさ。僕を取材したどのメディアよりも魅力が伝わってたよ」と笑い、完成した眼鏡を手渡してくれました。

それから意気投合して（と私は勝手に思っていますが）、よく飲みにいくようになりました。その後も僕の書いたブログを読み続けてくれていたようで、会う度に「あの文章は良いねぇ」と褒めてくれたり、店主の知り合いであるシャツ屋さんやカバン屋さんや靴屋さんにも「この人のブログ読んでよ！」と紹介してくれたりもしました。


眼鏡屋のホームページでコラムのコーナーをつくるから毎月書かないか？　と打診を受けたのは何度目かの飲みの席でした。当時私は前職で『ことりっぷ』のWebメディアのプロデューサーをしていましたが、執筆に関してはズブの素人でした。なのでその申し出はとても嬉しかったものの考え込んでしまいました。果たして毎月数千字もコンスタントに書き通せるのか、何よりズブの素人の文章など誰が喜ぶんだろう、と。また、コラムを載せる場所は眼鏡屋さんのホームページです。眼鏡のことは文章以上にわかりません。申し訳ないけれど役に立ちそうにない、そう断ると店主は「眼鏡のことは書かなくていいし、君が書きたいことを自由に書けばいいから」と笑って答えました。

「え？　それでいいんですか？」と訝る僕に、続けて彼はこう言いました。

「僕は君の文章が好きだからうちのホームページに載せるわけ。僕の〝好きなもの〟を見てからお店に来る人はきっと、この店と相性が良いということでしょう?」

この時の店主の言葉が、これまで伝えてきた私のすべての考え方のベースであり、立ち戻る拠り所になっています。

お店であれ、企業の商品であれ、本来であれば、まずどれだけのターゲットがいるかをシミュレーションした上で、そのターゲットに適切な量の広告を打つことを考えたり、SNSやホームページでお店や商品の〝強み〟を打ち出すために役に立つ情報やメリットなどを伝えることを考えると思います。要はなるべく関心の高そうな人に、より「多く当ててから絞っていく」ことを優先します。さらに言えば、そこで反応した人に対して、さらに追いかけてアクションを取ることが定石のやり方だと思います。なんら間違っていない手法です。

でもこの眼鏡屋さんのやり方は明らかにこれとは真逆の手法です。誰に当てるかを考えるよりも先に、自身の思想があって、そこに共鳴しうる人を探しては、自ら足を運んで手をつなぎ、手をつないだ人から数珠つなぎのようにつながっていく。眼鏡屋さんを中心にして、同心円状に共感者を獲得していく手法です。

とても遠回りなやり方ですし、何よりシミュレーションが効かないですよね。3ヶ月先の目標進捗を確認される企業では取り入れづらい考え方かもしれません。それでもその時の私には、このやり方は無理がなくヘルシーで、何よりみんながハッピーになれる理想の姿に映りました。

眼鏡屋さんのコラムを始めて4年が経ちました。私のコラムを見てお店に来る方は一定数いるとのことで、それ自体も面白いと思いましたが、それはそれとしてもっと面白かったのは、眼鏡屋さんと同じ地域で同じように商いをしている人の間でコラムが読まれていることでした。なんならコラムをきっかけに会話も生まれることもあるとか。先日眼鏡屋さんにお邪魔した帰り道、近所に新しくできたという洋菓子屋さんに寄ったら、そこの店主が私のコラムを読んでくれていて、なんだか感慨深いものがありました。

ひとつの眼鏡屋さんに感動して書き上げたひとつのブログが、その眼鏡屋さんと強く結び付けられることになり、そこから徐々に周りの人に広がっていってコミュニティの一端を担っている。これはインターネットの温かい側面です。このようにインターネットは人と人を結び付けるフィジカルな面もあるんですね。

私個人で言えば、コラムを50本以上書き続けてきたことで、徐々に書くコツのようなものをつかめてきました。開始当初の文章を見返すと目を覆いたくなるような出来のものもあって、この年齢になっても、人は「つづけることで成長できる」ことに気づくことができました。

オウンドメディアの話に戻すなら、企業の想いや考えていることを伝えることで、共感者とつながりが生まれ、また新しい共感者を連れてきてくれるようなことです。そしてその発信を通じて、社内で会話が生まれたり、新しい交流が生まれたりして、会社に流れる空気が少しずつ良くなっていくようなことだと思います。続けることで「より良い方向」に向かっていくことはあると思います。

ついつい、目の前の数字や反響に右往左往してしまいますが、そういったものに踊らされて視野が狭くなりそうな時にはいつも、その眼鏡屋さんが育んでいる同心円状の広がりを思い出しては、自身の足元を見つめ直し、近くにいる一人ひとりとのつながりを生みにいくために足を伸ばし、声をかけるようにしています。「つづける」ための糸口は、いつでも足元に転がっていると思っています。

オウンドメディアという言葉が流行り、形を変えてまた増え始めてまだ10年弱です。オウンドメディアに明確な勝ちパターンやフレームが存在しないのは（もしかしたら提示されているかもですが）、メディアの役割もゴールも、その一端が「インナーの課題解決」にあるからだと思います。インナーの課題感は千差万別です。だからそもそも特定の勝ちパターンなど存在しえないと個人的には思っていますし、続けることでしかわからないことがある分野でもあると思っています。

私たちが運営しているオウンドメディアもこれからどうなっていくのかはわかりません。半年後にはまったく違うことを考えているかもしれません。というかその可能性は非常に高いでしょう。なので、本書においてもどちらかと言えば、ティップスによらず、考え方や捉え方について触れてきたつもりです。

本書を通じて、ひとりでもオウンドメディアって面白いかも、社内の熱源を届けてみたい、そんな風に思ってもらえたなら、いちオウンドメディア担当としてこんなに嬉しいことはありません。そして、オウンドメディア担当者の存在が企業の中で光り、より重要なポジションとして確立していくことを願っています。

おわりに

先日、とある企業のnote担当者と情報交換をした時のことです。私たちの運営しているKIRIN公式noteについて、どんな目的でやっているか？　体制はどうしているのか？　KPIは何か？　など、事前に多くのご質問を頂戴しており、それに順繰り答える形で打ち合わせは進みました。このご時世でもあり打ち合わせはオンラインです。みなさん気を遣ってミュートにしてくれたのですが、私としては手応えがないまま、とにかく熱量高く喋るしかなく、しばらく話し続けました。それで、一通り喋ってちょっと息も切れてきたので、一旦区切って「ここまでの話伝わってます？」とおそるおそる聞いてみました。

数秒の沈黙の後、ひとりの方からお礼の言葉とともに「結局のところ、平山さんのその楽しそうな振る舞いがメディアをつづける原動力になっているんだとわかりました」となぜか嬉しそうに言われました。

「そこですか？」と思わず拍子抜けした声を上げてしまったのですが、そこに参加したメンバーの顔をオンライン越しに眺めれば皆大きく頷いています。私としてはそれなりに論理立てて説得力のある話をしたつもりでしたが、参加した当社のメンバーも「あぁ、そうかも」なんて言うものですから、だんだん自信がなくなってきました（本書の内容は大丈夫かしら）。

ただ、そんなやりとりをしながらひとつ思い出したことがありました。それは新卒で入社した広告会社の営業時代にお客さんに言われたことです。入社して3年目くらいに結構大きめのコンペがありました。参画企業を見ればどこも大手ばかり。正直言えば提案前から弱腰でした。というか無理だろうな、と思ってすらいました。

そんなことだから当然プレゼンもうまくいきませんでした。緊張が前面に出て話が上滑っていたのが自分でもハッキリとわかりました。ところが、コンペから1週間後に「御社にお願いしたい」と連絡をもらいました。まったく想定していなかった私は「なぜですか？」と、まるで失注した時のように食ってかかってしまったほどです。

その担当者は笑いながら「いや、なんか一番前のめりで楽しそうだったので」と答えました。ここでも同様に拍子抜けしてしまいましたが、それ以外に特に理由はなかったようです（選考理由をそのまま上司に報告したら呆れたような顔をされました）。

そんなことを思い出したら、今オウンドメディアを担当している身として、特に気を付けていることに思い至りました。それは取材中はとにかく相手の話に大きく頷くというものです。実際の聞き手はライターさんです。ライターさんは発話者から良い言葉を聞こうと必死に向き合ってくれています。どうしたって、現場にはピリピリとした緊張が走ってしまいます。傍らで話を聞いている私にできることはおそらく、その場の空気を悪くしないことだけ。そう思ってこの「頷く作戦」を採用することにしました。幾分呑気な作戦ですが、案外これが功を奏すようで、ライターさんからは助かるという声もいただきますし、従業員からも話しやすかった、という声も出るようになりました。

さらに副次的な効果もあるようで、頷いているうちに、不思議と話が本当に面白く聞こえてくるんですよね（いや、決して従業員の話がつまらないというわけではなく、より面白さが増すということです）。そういう現場を経て出される記事たちだから、いざその現場の雰囲気を伝えようとすると「楽しそう」に見えるのかもしれません。

でも、と思うんです。もしかしたら、オウンドメディアをつづけるための一番大切な視点であり、一番有効なテクニックは、「楽しそう」に見せることなのではないか、と。楽しそうな人につられて人が集まってくるように、楽しそうなメディア（ただ中身が楽しいということではなく）にもやはり人は集まってくるのだと思います。

最後の最後に身も蓋もないようなことを書いてしまったような気がします。ただ、実体験としてほんとうにそうなんですよね。楽しい〝におい〟がする方に向かって行ったら、また誰かが次の楽しい場所に連れて行ってくれて、それらがつながって、こうして書籍としてまとめることになっているのですから。これはオウンドメディアにかかわらず、働くことにおいても必要な心持ちのようなものかもしれません。

本書を書き上げる中で、実に様々な経験を思い出すことになりました。これまでの経験の一つひとつ（甘いのも苦いのも）が、蓄積されてごちゃ混ぜになって今につながっているということも、実感することになりました。使い古されすぎて今や口にすることすら憚れますが「人生に無駄なことなんてない」という言葉以外で形容できません。これまでかかわっていただいた皆さまに改めて感謝を申し上げたいです。

オウンドメディア担当者は、いわば内と外をつなぐハブのような存在です。これからの世の中において、より役割の重要性が増していくはずです。インハウスエディターという言葉が盛り上がりを見せているように、「オウンドメディア」の役割自体が拡張され、組織の中で欠かすことのできない存在として定着することを願っています。そうなればきっと、「働く」がもっとエキサイティングで楽しいものになっているはずですから。

PROFILE

平山高敏

Takatoshi Hirayama

キリンホールディングス
コーポレートコミュニケーション部

2005年、新卒でWeb制作会社に入社。昭文社の旅行ガイド『ことりっぷ』のWebプロデューサーを経て、2018年にキリンホールディングス入社。note公式アカウント、オウンドメディア「KIRINto」の運営、インハウスエディターの育成も担当する。宣伝会議「自社メディアやnote、メルマガ等で発信する企業の担当者のためのコラムライティング基礎講座」講師を務める。日本アドバタイザーズ協会デジタルマーケティング研究機構 第10回Webグランプリ「Web人大賞」受賞。

宣伝会議 の書籍

実務家ブランド論

片山義丈 著

ブランドをつくる現実的な方法を、ダイキン工業で長年にわたって広告宣伝やブランディングを担当してきた実務家の視点でまとめ上げた一冊。企業や商品の価値を正しく伝えるために本当に必要なことは何か。ビジネスの現場で実践するためのポイントを徹底解説する。

■本体1800円+税 ISBN 978-4-88335-527-3

メディアを動かす広報術

松林 薫 著

記者と広報担当者との関係性が変化の兆しを見せる昨今。元・日経新聞記者である著者が、プレスリリースのつくり方から取材対応、リスク対応など広報全般にわたり、記者とのコミュニケーションの築き方、関係のつくり方からこれからの広報の在り方までを指南する。

■本体1800円+税 ISBN 978-4-88335-523-5

手書きの戦略論

「人を動かす」7つのコミュニケーション戦略

磯部光毅 著

コミュニケーション戦略を「人を動かす人間工学」と捉え、併存するコミュニケーション戦略・手法を7つに整理。その歴史変遷と考え方を〝手書き図〟でわかりやすく解説。各論の専門書に入る前に、体系的にマーケティング・コミュニケーションを学べます。

■本体1850円+税 ISBN 978-4-88335-354-5

地域の課題を解決するクリエイティブディレクション術

田中淳一 著

全国38の都道府県で自治体や企業などの案件を率いてきた筆者による、地域プロジェクトならではの方法論。リサーチとコンセプト設定からはじまるクリエイティブ開発の方法を、体系的にわかりやすく解説する。

■本体1800円+税 ISBN 978-4-88335-529-7

ステークホルダーを
巻き込みファンをつくる!
オウンドメディア進化論

発行日　2023年2月1日 初版

著　者　平山高敏
発行者　東彦弥
発行所　株式会社宣伝会議
〒107-8550
東京都港区南青山3-11-13
TEL. 03-3475-3010（代表）
https://www.sendenkaigi.com/

装丁・DTP　ベルソグラフィック（吉崎広明）
印刷・製本　精文堂印刷株式会社

ISBN978-4-88335-555-6